JN078458

PSYCHOLOGY

経験と理論をつなぐ
心 理 学

井上靖子 編著

工藤昌孝・三船直子・高橋裕子・東 千冬

八千代出版

執筆者一覧

井上　靖子　兵庫県立大学大学院教授
　　第1章・第3章・第4章・第5章・第11章

工藤　昌孝　日本福祉大学大学院准教授
　　第2章・第10章

三船　直子　大阪市立大学大学院教授
　　第6章・第12章

高橋　裕子　大阪樟蔭女子大学大学院教授
　　第7章・第9章

東　　千冬　羽衣カウンセリングオフィス
　　第8章・第13章

中井由佳子　京都こころの相談オフィス
　　第1章事例（昔話　手なし娘）・第4章事例（コンプレックスと自己実現）

三好　敏之　尚絅学院大学大学院教授
　　第11章事例（心と身体はつながっている）

まえがき

　この本は、心理学についての入門講義の教科書として編集されたものである。本書の特徴は、認知心理学や意識心理学の立場から執筆された心理学入門書籍が多いなかにあって、力動心理学の観点を取り入れ、臨床心理学を専門とし、実践経験が豊富な臨床家らによって執筆されていることにある。臨床心理士の認定資格に加え、公認心理師という「心の問題の専門家」としての新たな国家資格制度が2018年より発足した。そして、公認心理師国家試験の受験対策として、ブループリント（国家試験出題範囲とそのキーワード）を取り上げたテキストが出回り、知識として心理学を学ぶ傾向が強くなっている。しかし、心理学に興味や関心を持つ学生らは、こうした知識や理論だけではなく、それらを学ぶことによって、それらの内容が自らの生活や人生経験とどう結びつくのかを知りたいのである。

　そこで本書では、第1に、初めて心理学を学ぶ学生らが、心理学の基礎的知識として知っておいて欲しい内容項目を踏まえながら、日常生活の身近な経験を振り返ることのできる、人間の心や人間関係のあり方をテーマとした章の構成を考えた。第2に、昨今の大学教育で重視されているアクティブラーニングの手法を取り入れ、学生らの主体的な学びを促すために、グループワークで話し合える演習課題を取り上げた。これによって、日常生活で経験している具体的事例を通して心理学的観点を獲得できるように工夫している。第3に、各章の内容には、臨床家として、相談者の心の問題に寄り添い、その心の深みと関わることによって、肌で感じてきた臨床感覚が取り入れられている。

　そのため、この本の利用に関して、基本的には、教養科目を履修する大学1年生を対象としているが、心理学について興味を持っている一般の人々や心理学を専攻したいと考えている高校生や社会人学生の入門書としても使えるようになっている。また、臨床現場の第一線で活躍している執筆陣による解説であり、公認心理師や臨床心理士を目指している学部や大学院の学生ら

も、心理学の基礎的知識の習得を目的としたテキストとしてぜひ活用していただきたい。

　本書の構成は、次の通りである。第 1 章は、心理学の歴史を概観し、研究対象としての心の種々の捉え方を知り、心の構造について力動心理学の観点から明らかにする。第 2 章は、「私」という体験の多様性や危機体験からの治癒のプロセスを検討する。第 3 章は感覚、知覚、第 4 章は感情、第 5 章は学習といった心理学の基礎的事項を学ぶとともに、昨今の IT や AI 技術の進歩に伴う課題との関連や具体的な心のケアにどう生かされるのかを説明する。第 6 章は、性格の理論の査定方法を取り上げ、第 7 章は家族関係、第 8 章は男女関係、第 9 章は個人と集団と人間関係における心の働きと課題について学ぶ。第 10 章で夢見を通して深層心理から人間理解を深めていく。第 11 章は心のストレス、第 12 章は心のトラブルを取り上げ、心に生じる様々な歪みのメカニズムや心の病の種類を知り、その対応を明らかにするとともに、第 13 章で心理療法とは何か、そこで人はどう癒されるのかを考える内容となっている。

　本書の執筆において、臨床実践や研究において多忙な先生方に集まってもらい、協力をしていただいたことに、心から感謝を申し上げる。今後、急激な社会情勢の変化や危機にも対応させるとともに、読者の皆様のご意見やご批判を謙虚に聴きながら、よりよい内容になるよう改善する努力を続けていきたいと考えている。

　なお、最初に本書の発案について相談を始めてから、企画、執筆、編集、校正まで、八千代出版の編集者森口恵美子氏には、忍耐強く待っていただいたうえ、実にきめ細かいご配慮や適切なアドバイスをいただいた。また井上貴文氏は丁寧な校正を進めてくださり、お力添えをいただいた。様々な困難がありながらも、いつも温かい心で接して、見守っていて下さるなど終始大変お世話になった。この場を借りて深謝を申し上げる。

令和 2 年 3 月

編著者　井上　靖子

目　次

第1章

心理学とは何か

到達目標

1. 心とは何か
2. 心理学の歴史を概観する
3. 心の構造（意識と無意識）を理解する

1　心とは何か

　心は捉えがたく、不思議なものである。我々は、思いがけない心の悩みを抱えることがある。例えば、どうしようもなく人を好きになったり、嫌いになったりする。また、勉強をしなければならない時に、やる気が起こらず、怠けてしまう。日頃、親に対してつい反発心が湧き起こり、心にもないことをいってしまうこともある。コマーシャル動画や映像の影響を受けて、知らず知らずに広告商品を買ってしまう。こうした知らずに心を操作される**マインドコントロール***を恐れる一方で、他人の思惑を気にしたり、人の心を先に読み取って人と上手く関われるようになりたいという願望を抱いていることもある。このように自他の心を思い通りにすることは、そう容易なことではない。心は、"私の"でありながら、"私の"思う通りにならないのである。だが一方で、"私の"心を変えようとする努力が、思いがけない人生の転機になることもあろう。覚悟を決めて、勉強に取り組んだら、成績が向上し、志望校に合格したとか、勇気を出して苦手だったスポーツを始めたら、クラスでの友達が増えたなどの思い出はないだろうか。このように心は、思う通りにならないけれども、意志によって変えられる面もある。

心は、思い通りになるようでならないし、変えられるようで変えられない。白か黒か、自由か不自由かなどの二者択一では割り切れず、**二律背反（アンチノミー）***の性質がある。こうした両義的な心の世界は、多次元的で多層的な構造となっている。それは、内なる世界、内なる宇宙にも喩えられ、我々が外なる宇宙の果てを想像することができないのと同じく、"私の"意識が及ばない果てしない広がりを持っている。本章では、こうした心の概念や心理学について考えてみよう。

1）人類にとっての心の誕生

　人類の祖先は、600〜700万年前、チンパンジーやボノボなどの類人猿と袂を分け、ホモサピエンス（Homo sapiens, 現生人類、賢い人）に至った。南フランスの洞窟で化石が発見された現生人類のクロマニヨン人（Cro-Magnon man）は、精密な石器や骨器などの道具を制作し、洞窟壁画や彫刻を残した。死者を埋葬し、呪術を行った形跡もある。注目すべきことは、象徴的な思考が可能であったという点であろう（Lewis-Williams, D., 2002 / 2012）。この象徴的な思考とは、現実に知覚できないものを他のものに置き換えて思考ができることをいう。洞窟壁画には、目の前に生きている動物ではなく、闇のなかで、心に浮かんだイメージが描かれている。3万2000年前、フランスのショーヴェ洞窟（アルデシュ県）に描かれた牛、馬、ライオン、鹿などの壁画が有名である。このように人類は、脳の発達によって、時空間を超えて、認識できるようになった。この点から洞窟壁画が現代人のような心の誕生を示す証拠だと考えられている（NHKスペシャル取材班, 2012；高間, 2010）。こうして、人類は、言葉を獲得し、時空を超えて、相互のコミュニケーションが可能となった。一方で、自分自身に対して、距離を置いて見つめることができるようになり、孤独感を抱き、いつの日か死ぬことを恐れ、心の悩みや病を抱えるようになったといえる。

2）発達における心の誕生

　人間に特有な心の働きにはどのような特徴があるのだろうか、また、そう

した人間らしい心は成長や発達の過程のどの時点で芽生えてくるのであろう。これを考えるのにあたって、人間の赤ん坊と、他の哺乳動物の赤ん坊の身体状態の比較を通して考えたい。人間の赤ん坊は、きわめて未熟な状態で生まれてくる。自力で哺乳はできず、母親や母親的人物の世話がないことには生きていくことはできない。こうした無力な状態で生まれてくる人間の赤ん坊は、出生直後から人間と関わるための知覚、認知能力を持っている。Fantz, R. L.〔ファンツ〕(1961) によると、人間の顔、新聞紙の活字、同心円、様々な色を施した刺激を出生直後の赤ん坊に見せると、複雑でパターン性のあるものや人間の顔を好み、注視することがわかっている（図1-1、**選好注視法**）。また、Meltzoff, A. N., & Moore, N. K.〔メルツォフとムーア〕(1977) は、出生直後の赤ん坊が、目の前の大人の表情をまねて同じような表情をすることを見出した。例えば、大人が舌を突き出したり、口を開けたりすると、それらの表情の動きと同様の表情を自らの身体にも再現することができる（図1-2、**新生児模倣**）。さらに、出生直後の新生児は、物音や振動を感じた時などに、口元が引き上げられ、微笑んでいるように見える。これを**新生児微笑（生理的微笑）**といい、生後2カ月を過ぎると、特定の誰かに向けられた**社会的微笑**＊へと移行していく。

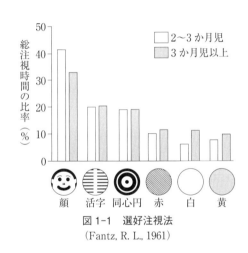

図 1-1　選好注視法
(Fantz, R. L., 1961)

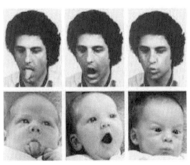

図 1-2　新生児模倣
(Meltzoff, A. N., & Moore, N. K., 1977)

こうした生後2カ月までの赤ん坊が生まれつき持っている、人と関わる能力は、母親や母親的人物の関心や注意を引きつけるためだともいわれている。また出生直後は1時間あたり平均10回程度であった母子の見つめ合いの頻度は、生後2カ月になると、倍以上の27回に達するなど急激に増加し始める（明和, 2015）。人間の赤ん坊は、寝返りができず、猿のように、親のお腹にしがみつくこともできない。このように仰向けに寝たままの赤ん坊なので、母親や母親的人物は、その目を見つめ、声をかけてあやすことができる。こうした赤ん坊と母親や母親的人物との二者関係（二項関係）における相互的なコミュニケーションが、人間特有の心を育てていくことになる。

　やがて、生後6カ月頃になると、赤ん坊は物に手を伸ばすことができ始める。すると、母親や母親的人物は、赤ん坊とのやり取りにガラガラやおもちゃなどの物を介在させるようになる（三項関係）。生後9カ月頃になると、赤ん坊とのコミュニケーションは、劇的に変化する。母親や母親的人物が手に持ち、関心を向けた物に対して、赤ん坊も自発的にその視線の先を目で追い始める（**視線追従**）。さらに、赤ん坊は自分の興味のある物や出来事を母親や母親的人物に知らせようと**指差し**を始める。大人の注意を自分に引き寄せ、一緒に注意を共有しようとする（**共同注意**）。やがて、母親や母親的人物の動作や行動を、赤ん坊は鏡のようにまねて再現し、模倣するようになる。また、経験したことのない物や出来事に遭遇した時、母親や母親的人物など信頼できる他者とそれらを交互に見比べて、母親や母親的人物から、経験したことのない物や出来事の情報を得ようとする（**社会的参照**）。

　そして、相互的なコミュニケーションに物が介在するようになると、同一の物を他者と共有して操作する経験も生じる。離乳食のトレーニングで、大人は赤ん坊に向かって「あーん」と自らの口を空けてみせ、スプーンで赤ん坊の口まで食べ物を運び、食べさせようとする。こうした経験を通して赤ん坊は自らの口と大人の口が同一の構造や機能を持つものであることを学んでいく（明和, 2015）。さらに、人間が他者と円滑にコミュニケーションをするには、他者が自分と同じように心を持つ存在であると理解すること、他者の行為の意味をすばやく読み取って対応していくことが重要となる（**心の理論**＊、

Baron-Cohen, S., et al., 1985)。相手の身体の動きを自分自身の経験と重ねて、相手の行為を頭のなかで再現することで、相手の心の状態まで深く理解できるようになっていく。こうして、人間は、高度な認知、言語能力、思考力、コミュニケーション力を発達させていく。そして、血縁関係にない者に対する利他的行動や、相手が置かれている状況を考慮したうえでの行動や大人が子どもに対して言葉を教え、生きていくうえで必要な行為を教えるといった、人間に特有な心の働きが育っていくのである（明和, 2015）。

2　心理学の歴史を概観する

　心理学（psychology）は、日常生活で経験する心、精神、意識、様々な心的現象の構造や機能を自然科学的な方法を用いて探究する学問のことである。psychology とはギリシア語で魂を意味するプシケー psyche と、論理や理法を意味する logos から成り立っている。科学としての心理学が誕生したのは1879 年、ドイツのライプチッヒ大学の Wundt, W.〔ヴント〕が世界最初の心理学実験室を設立したことに始まるといわれている。心理学が研究対象とする心の捉え方は様々な学派によって異なっている。その心理学の源流と歴史、その諸領域について概観してみよう。

1）心理学の源流

　19 世紀以前では、心理学の主題の多くは哲学で扱われていた。Pythagoras, B. C.〔ピタゴラス〕は、宇宙の調和を、星の運行や音のハーモニーや数の不思議などを取り上げ、一種の数神秘主義を説いた（梅本・大山, 1994）。Platon, B. C.〔プラトン〕は、真理は自然を超えて存在すると考えた。人間には生得的なイデアがあり、具体的な事物はその不完全な実現に過ぎないと考えた。Aristoteles, B. C.〔アリストテレス〕は、自然の現象を通じてのみ真理に到達できると考えた。心理学の対象を、精神物理的実体であるとし、近代科学としての心理学全般に強い影響を与えた。

　中世において、アリストテレスの思想は十分に顧みられず、心は、神との

関係のなかで思弁的にしか考察されていなかった。14世紀から16世紀に及ぶイタリアのルネサンスを経ると、キリスト教における教義（ドグマ）に縛られない人間中心主義が芽生え、心をそれ自身すばらしいものとして考えようとする態度が生まれた。

　こうしたなかで、心理学の理論的背景を明確にしたのが、Descartes, R.〔デカルト〕である。デカルトは、様々な実在を徹底的に再考したところ、身体と心が峻別できることを明らかにした。『方法序説』(1637) のなかで**「我思う、ゆえに我あり (Cogito, ergo sum)」**の言葉を残した。我々は、あらゆる存在を疑っても、疑っている本人自身の存在を疑うことはできない。だから、心は身体、物質の存在とは別個に確実に存在していると証明した。心の存在は、空間のなかにあるのではなく、**内省**という心的活動により存在している。デカルトは、方法としての内省によって、研究対象として心を表わすものとしての意識を実証できるとした。こうして、心理学の研究対象が意識であることへの哲学的な裏づけが与えられた。

　こうして、17世紀から19世紀初頭にかけて提起された種々の西洋哲学は心理学に哲学的な支柱を与えたが、それらは、**理性主義**と**経験主義**という2つの立場の対立の構図として浮かび上がる。理性主義とは、主にドイツ、フランスやオランダなどのヨーロッパ大陸で発展した哲学で、人間には生得的にある種の観念 (idea) が備わっていると考える立場で、Leibniz, G. W.〔ライプニッツ〕や Kant, I.〔カント〕が代表される。そして、経験主義が外界からの刺激を受動的に受け止めると考えるのに対して、理性主義では、受け取る主体が、感覚が生じる以前からあり、能動性や主体性を持つことを強調した。この理性主義は、先天的な図式やスキーマを取り上げる認知心理学で評価される。一方、経験主義は、イギリスで発展した哲学で、その代表者はLocke, J.〔ロック〕である。ロックは、心的観念を作り上げるのは、感覚的経験を通じて、外界から直接得られる感覚 (sensation) と感覚を基盤とする内省 (reflection) にあるとした。『人間悟性論』(Locke, J., 1690) では、心は生まれつき何の特徴もない**白紙（タブラ・ラサ）**であり、あらゆる知識や観念の源泉は経験にあると考えた (Locke, J., 1690)。意識をその要素である観念の連

合によって説明しようとする意識心理学、連合主義心理学、行動主義心理学などに影響を与えた。

　こうした近代以降の心理学の成立や発展には、哲学だけではなく、医学、進化論の研究の影響も大きい。身体の生理学的変化を含む生命現象一般を物理化学的過程としてのみ捉える**唯物論***（materialism）、機械論、還元主義はヴントの心理学実験室の創設をはじめ、心理学の基礎研究に取り入れられた。

　また、人間の心を中心に考えていた哲学から心理学が独立するうえで、**進化論**や**動物心理学**の研究も貢献した。Spencer, H.〔スペンサー〕は、人間が進化とともによい方向に進んでいくと考える**適者生存**（1855）を論じた。Darwin, C.〔ダーウィン〕は、その考えを取り入れ、『種の起源』（1859）を出版した。ダーウィンの影響を受けた Romanes, G. J.〔ロマーニズ〕は、『動物の知能』（1882）で、様々な動物の隠れた知的能力を分析し、人間とその他の動物の知的能力には、質的な差異は見られないと結論づけた。こうした知見によって、動物の能力に対する実験や人間と動物の心的能力を比較した実証的研究が行われるようになった。

2）心理学の歴史

　心理学が哲学とは独立した学問分野になるには、個人の目に見えない心をどう研究するかという課題があった。この問いに対して、ライプチッヒ大学の Weber, E. H.〔ウェーバー〕は、感覚の弁別閾に関する実験を行い、我々の感覚が外界の刺激の強さを正確に映し出すものではないことを明らかにした。Fechner, G. T.〔フェヒナー〕は、物質世界（身体的生理過程）と精神世界（心的過程）との数量的対応関連の解明を目指した（第3章1-2)参照）。フェヒナーの出版した『精神物理学原論』（1860）は、その後の心理学の発展に大きな影響を与えた。このようにドイツにおいて、デカルトの**心身二元論**を背景にして、感覚や知覚の科学的な解明を目指した実験心理学の研究が行われた。

　ドイツのライプチッヒ大学のヴントは、1879 年、世界最初の心理学実験室を設立した。ヴントは、意識の中身（意識内容）を研究対象とし、心の世界を感覚や単純感情のような究極の構成単位から成り立つと考えて、これら

の心的要素（単位）を実験や内観によって明らかにしようとした。ヴントは、外部から刺激を与えて、外部に出てくる反応と内部における経験を実験機器の使用や**内観法**（introspection）に基づいて分析を行った。そして自らの心理学を**生理学的心理学**（physiological psychology）もしくは実験心理学と呼んだ。要素の結合の法則や意識の構造を明らかにしようとしていたので、**構成主義心理学**（structural psychology）ともいわれる。また、実験的な内観法が適用できない分野は、**民族心理学**（Vülkerpsychologie〔独〕）と呼んでいた。ヴントの実験心理学は、アメリカで Titchener, E. B.〔ティチナー〕、Cattell, J. M.〔キャッテル〕らに受け継がれる。

　同じ頃、アメリカにおいて、James, W.〔ジェームズ〕や Dewey, J.〔デューイ〕は進化論を背景に、個体における意識の適応的機能を明らかにしようとした。また、心理学の対象は、ヴントの研究で扱った意識の内容ではなく、作用の方だと考える**作用心理学**（act psychology）も生まれた。Brentano, F.〔ブレンターノ〕や Stumpf, C.〔シュトゥンプ〕がその代表である。こうして 20 世紀の心理学の研究対象は、3 つの潮流に分けられる。それらは、アメリカにおける行動主義、ドイツにおけるゲシュタルト心理学、オーストリアにおける**精神分析**である。

　20 世紀までの心理学は、意識を対象とし、意識の自己観察や内観法を通した研究が中心であった。シカゴ大学の Watson, J. B.〔ワトソン〕は、意識は主観的な観察に過ぎないと批判し、客観的に誰もが観察できる方法でなければならず、行動を研究対象とすることを強く主張した。そして、行動主義宣言といえる「行動主義者の見た心理学」を発表し、自らの立場を**行動主義**（behaviorism）と名づけた。

　また、ベルリン大学とヴェルツブルグ大学で研究していた Wertheimer, M.〔ヴェルトハイマー〕は、「運動視に関する実験的研究」を発表した。当時、我々の直接経験は、要素的な感覚がモザイク的に連合したものと考えるヴントの要素主義や連合主義の心理学が主流であった。こうした考えでは、線を連続して提示すると動いて見える**仮現運動**を説明することはできない。このように心的現象は、要素に還元できない全体的なまとまりを持った総体

（**ゲシュタルト**）を持っており、要素は、全体のなかの位置づけや文脈によって、その性質は変化すると考えた。そして、Köhler, W.〔ケーラー〕とKoffka, K.〔コフカ〕とともに**ゲシュタルト心理学**を確立した（第3章1-2）参照）。

　また、Freud, S.〔フロイト〕は、ヒステリーなどの神経症を抱えた人々の分析や治療を行うなかで、心の構造や機能について解明しようとした。それまでの心理学の研究は意識しか扱っていなかった。ところが、心の病を抱えた人々の分析を行うなかで、本人が自覚している（意識している）心の部分は氷山の一角のようなもので、大部分は、意識の表面に現れない心の領域であることに気づいた。こうした自覚されない心の領域を**無意識**と呼んだ。そして、思い違いやしくじり行為、夢見、性格形成、精神症状などの心的現象について無意識の視点から、その心の構造や力動、およびその発達過程や障害の過程を理論化していった。さらに、文化、芸術、集団行動についての心的現象の解明にも取り組んだ。それまで呪術、悪魔祓いや占星術などの領域で扱われていた心の病に対して科学的な治療理論および治療技法を明らかにしようと**精神分析学**（psychoanalysis）を創始した。

3）心理学の諸領域

　心理学の歴史で概観してきたように、心理学は人間の様々な心の現象（意識や無意識）や行動を対象としているので、その研究分野も様々である。心理学は、大きく**基礎心理学**と**応用心理学**に分けられる。

　まず、基礎心理学とは、心理学における一般法則を研究するもので、加藤・中里（1987）の分類によると、正常心理学と異常心理学に分けられる（表1-1）。正常心理学には、個人を対象とする心理学である知覚心理学、認知心理学、学習心理学、性格心理学、言語心理学などが挙げられる。動物が対象である場合、動物心理学、また、人間の集団を対象とする社会心理学と呼ばれる。社会心理学は、集団における人間の行動を研究するグループ・ダイナミックス、民族心理学、文化心理学に分類される。異常心理学は、何らかの精神疾患や障害を持った人々を研究対象とする心理学のことで、精神病理学と呼ばれることもある。

表 1-1　心理学の諸領域（加藤・中里, 1987, 一部改変）

基礎心理学	正常心理学	個人心理学	人間心理学	一般心理学	感覚・知覚・感情・欲求・学習・記憶・思考・言語心理学
				人格心理学（差異心理学）	知能心理学
					性格心理学
				発達心理学	乳児・幼児・児童・青年・成人・老年心理学
			動物心理学		
		社会心理学	グループ・ダイナミックス・民族心理学・文化心理学		
	異常心理学				
応用心理学	臨床心理学・軍事心理学・災害心理学・看護心理学・広告心理学 産業心理学・職業心理学・カウンセリング・音楽心理学・恋愛心理学 犯罪心理学・法廷心理学・人間工学・政治心理学・体育心理学 経済心理学				

　一方、応用心理学とは、心理学が得た法則や知識を実際の問題に活用していく分野で、教育心理学、臨床心理学、産業心理学、犯罪心理学、災害心理学、環境心理学などが挙げられる。

　昨今は、心理学の必然的な研究分野の拡大によって、従来の基礎心理学と応用心理学の境界線があいまいになっている。

４）心理学の研究法

　心理学の研究法には、**実験法、調査法、観察法、検査法、面接法**などが挙げられる。まず、実験法とは、変数間の因果関係を明確にするために、**独立変数**（実験者が操作してその効果が見たい変数）を統制して、**従属変数**（その変数の効果を見るための変数）の変化を分析する方法である。例えば、実験者が１つのグループの被験者には新しい運動練習を体験させ、別のグループには、従来通りの運動練習を行わせて、その後の体力や筋力を測定してその結果を比較するという手続きをとる。どのように独立変数を統制するのかを吟味し、従属変数に現れる変化が独立変数以外の要因によるものではないことを保証する必要がある。実験法を行うには、実験計画（実験デザイン）を立てる必要

がある。基本となる計画は、統制群法で、実験によって操作が加わる実験群のデータと統制群から得られたデータとを比較する。

　調査法では、一般的に質問紙を用いて研究が行われる。質問紙調査では、長所として、質問項目によって種々の要因が捉えやすく、経時的な調査も可能である。しかし短所として、回答者が回答する時に意識的な歪曲が入る場合があることや、回答の仕方が「はい・どちらでもない・いいえ」などに限られ、画一的であるため、本人から詳しい内容が聴き取ることが難しい。調査にあたって、対象者を限定し、適切な質問項目の選択、質問の量や時間などを決めるために、本調査の前に予備調査をする方がよい。

　観察法とは対象の行動を注意深く観察することによって、その行動を理解しようとする。観察される状況に人為的操作を加えるかどうかで、**自然的観察法**と**実験的観察法**に大別される。狭義の観察法は自然観察法のことである。

　検査法とは、心理学検査を用いて、心理学的な特性や状態を測定する方法である。検査で用いられる心理学的検査の主な種類は表1-2の通りである。

表1-2　心理検査法

知能検査		WPPSI 知能診断検査、日本版 WISC-Ⅳ、WAIS-Ⅳ、田中ビネー知能検査
発達検査		KIDS（乳幼児発達スケール）、新版 K 式発達検査2001、津守式乳幼児精神発達診断法、遠城寺式乳幼児分析的発達検査法、S-M 社会生活能力検査［第3版］
人格検査	質問紙法	YG 性格検査（矢田部-ギルフォード性格検査）、新版 TEG-Ⅱ（東大式エゴグラム）、日本版 CMI、MMPI 新日本版（ミネソタ多面人格目録）、P-F スタディ、MPI（モーズレイ性格検査）、内田クレペリン精神検査、GHQ 精神健康調査票、MAS（顕在性不安検査）、SDS（抑うつ状態検査）
	投映法	ロールシャッハ法、TAT/CAT（絵画統覚検査）、SCT（文章完成法テスト）、バウムテスト、DAM（人物画）、S-HTP（多面的 HTP法）、KFD/KSD（動的家族画／動的学校画）、スクィグル法、風景構成法
神経心理学的検査		MMSE-J、HDS-R（長谷川式認知症スケール）、ベンダー・ゲシュタルト・テスト、フロスティッグ視知覚発達検査、改訂版ウェクスラー記憶検査、ベントン視覚記銘検査、三宅式記銘力検査、リバーミード行動記憶検査

　面接法には、調査的面接法と臨床的面接法がある。調査的面接法では、調査目的に従って、特定の被面接者から情報を収集して、それに基づいて仮説を検証したり、仮説を構築したりする方法のことをいう。臨床的面接法は、教育や生活のための評価や指導（ガイダンス）的な面接、臨床場面における診断的面接、心理相談的面接などが含まれる。また、面接法はその構造化の程度によって、**構造化面接・半構造化面接・非構造化面接***に分かれる。面接法は調査法や検査法に比べると、被面接者の回答以外の非言語的なメッセージ、例えば、表情、態度、雰囲気などからも多くの情報が得られる。さらに被面接者との間に**ラポール***（rapport）を確立することが可能であるが、他の方法と比較して、面接者の存在が回答に強く影響を及ぼすという特徴があり、**面接者バイアス**として知られている。面接からデータを得る時に主観的な歪みが生じやすいため、面接技能の十分な習得が必要である。これらの心理学の研究のいずれにおいても、被験者や参加者の基本的人権を尊重し、事前に研究の目的やリスクに関する情報についての十分な説明を行う**インフォームドコンセント***（informed consent）が必要である。言語が十分理解できない子どもや障害者を研究対象とする場合は、保護者などの代諾者に事前に同意を得ておく必要がある。

　事前に不十分にしか説明できなかった場合、実験や調査が終わった時点で、当該者に十分な説明を行う**デブリーフィング***（debriefing）を実施しなければならない。

3　心理学が対象とする心

　心理学の各領域において、心の捉え方は異なっている。ここでは、思い通りになるようでならないし、変えられるようで変えられない二律背反の性質を持つ心についての理解を深める観点から、フロイトらによって理論化されてきた心の構造（意識と無意識）について学ぶ。

1）フロイトの心の構造

　フロイトは、心の構造について、机上で考えたものではなく、精神科医として、神経症患者の治療を行うなかで経験したことや、40歳の頃、父親を亡くした精神的打撃について自己分析を行うことによって生み出したものである。フロイトの精神分析学や心の構造についての見解の出発点は、Breuer, J.〔ブロイアー〕が治療を行った**アンナ・O嬢の症例**だといわれている（Breuer, J., & Freud, S., 1895 / 2004）。ブロイアーによると、アンナ・O嬢は聡明で、想像力が豊かな若い女性であったが、20歳の頃、重病の父親の看護をしている間に様々な身体不調（運動麻痺、四肢屈曲、黒蛇の幻覚等）を訴えた。彼女は、ブロイアーによって催眠が施され、様々な話をして気が楽になっていた。これを**しゃべり治療**と呼んでいた。アンナ・O嬢は、ある時、水が飲めないという症状が出るが、ブロイアーにイヌが自分のコップで水を飲むのを見てからだと話すことで、症状が消失する。フロイトは、このエピソードからヒステリー症状は、**自我**（Ich）が過去の不快な出来事に伴う記憶を過度に**抑圧**することによって、症状化されていると考えた。このように様々な精神症状は、通常の意識状態だけでは理解できないことが多い。本人でさえも知らない心の領域、すなわち無意識の世界を仮定せざるをえなくなった。フロイトは、無意識を**エス**（das Es）と命名した。エスは、本能衝動の源泉であり、欲求や衝動を即時的に満足、解消しようとする心の部分である。また、自我の一部でありながら、道徳や規律を守り、良心や理性を司る心の部分を**超自我**（Über-Ich）と呼んだ。これは、親によるしつけや社会規範が内在化

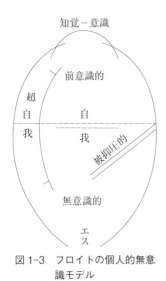

図1-3 フロイトの個人的無意
識モデル
(Freud, S., 1933 / 2014)

した心の領域のことを指している。自我は、欲望や衝動に駆り立てられるエスの働き、外界の現実が提示する様々な制限と、社会性や道徳を重んじる超自我の要請の狭間に立たされ、葛藤状態に陥ることもある。フロイトは当初、自我はエスには逆らえず、「馬（エス）の行く方へ進むしかない騎手」のような受動的な装置とみなしていた。しかし、やがて、自我が、欲望や衝動から独立しており、無意識の不安や脅威に対する防衛機制を発動させる主体と考えるようになった。フロイトによると、自我は無意識に対して不快な感情、欲望や衝動を抑圧する関係にある。フロイトは、これらの考えをまとめて、図1-3のような心的装置を考えた（Freud, S., 1933 / 2014）。エスの下方が開かれていて、心とも身体ともつかない領域や、Jung, C. G.〔ユング〕の考えである人類共通の普遍的無意識や類心的無意識につながっていく構造になっている。

2）ユングの心の構造

　ユングは、フロイトの後継者と考えられていたほど、当初はお互いの関心は近く、親しい関係にあった。だが、ユングは、幼少期から自我を圧倒するような夢やヴィジョンを見る経験があった。さらに精神病圏にある統合失調症や、やがて老いて死ぬことを意識せざるをえない人生後半の課題を抱えた中年期危機にある人々の治療に携わっていたため、神話的、宗教的、超越的なイメージが豊富な心の深層に関心を持ち、次第にフロイトとの見解の相違が生じてきた。フロイトが、リビドーを性愛リビドーと捉え、心の病を過去の経験に原因があるとの見解に意義を唱えたのに対して、ユングは、リビドーを**心的エネルギー**と捉え、無意識が将来に対する目的的性質を持つことを明らかにした。ユングも自らの経験をもとに心の構造を考えたが、図式化

したわけではない。現在、よく用いられる図式の多くは、ユングの後継者が考えたものである（図1-4）。

　ユングは、『変容の象徴』（1952 / 1992）において、フランク・ミラーという女性の空想を材料として、個人的な意識の及ばない人類の遺伝によって誰もが共通して潜在的に持っている普遍的無意識の世界を明らかにした。普遍的無意識は、神話的なモチーフや形象から成り立っている。この内

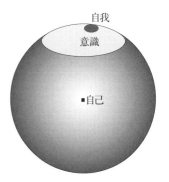

図1-4　ユングの心の構造1
（河合, 1967）

容は神話やお伽話、精神病の妄想、未開人の心性に共通に認められる（河合, 1967）。ユングは、統合失調症の妄想と古いミトラ祈禱書に書かれてある内容との一致した例を挙げている（Jung, C. G., 1963 / 1972）。これらの普遍的無意識の内容の表現に共通した基本的な型を見出せると考えて、**元型**と呼んだ。元型そのものは意識化されることはないが、我々は様々な**元型的心像**を見出すことができる。元型といった仮説的な概念を考えることによって、意識体

系が無意識の原始的な力に圧倒され、振り回される危険性を避けることができると考えた。ユングが元型として取り上げたもののうち、特に重要なものは、**ペルソナ**（persona）、**影**（shadow）、**アニマ**（anima）、**アニムス**（animus）、**自己**（self）、**太母**（great mother）、**老賢者**（wise old man）や**老賢女**（wise old woman）などと名づけられるものである。そのうち自己（self）とは、意識と無意識とを含んだ心の全体性の中心をなすものであり、意識と無意識をはじめ、人間の心に存在する様々な対立的要素を統合する中心とみなす元型のことである。自己（self）が、人格化、イメージ化されると老賢者や老賢女、太極図、マンダラなどの円や幾何学的図形として捉えられる。ユングは、意識と無意識の関係は**補償**にあり、意識が自我の中心としてある程度の安定性、統合性を持っていると考える。だが、自我は安定した状態にとどまることなく、その安定性を崩してでも、より高次の統合性へと志向する傾向がある。自我の一面性に対して無意識は補償的な象徴を通して、両者間の橋渡しをする。個人に内在する可能性を実現し、その自我を高次の全体性へと志向せしめる努力の過程を**個性化過程**（individuation process）あるいは**自己実現**（self-realization）の過程と呼び、人生の究極の目的と考えた（河合, 1967）。このようにユングは、自己（Self）の働きが、自我を包含すると考えていた。

　さらに、ユングは、普遍的無意識を様々な自然物に置き換えて説明している。普遍的無意識は海に、自我はその上に浮かぶ小舟や島に喩えられ、海が小舟や島を取り囲んでいるように、我々の意識も原始的な無意識に囲まれている。精神病に陥るとは、無意識である海が怒濤のような高潮となって、自我に喩えられる小舟や島に襲いかかり呑み込んでしまう状態のことだと述べている（Jung, C. G., 1931 / 1970）。

　また、Jacobi, J.〔ヤコビー〕（1959 / 1973）は、ユングの心の構造を火山の断面図のような一種の層構造で示した（図1-5）。それによると、心的エネルギーの源泉への通路となる中心力が貫いている。自我からもっとも遠い位置に、「測り知れぬ深さを持つ根底」にある動物祖先の経験が蓄積された無意識の層がある。その上の層は、人間の祖先、民族の祖先、国民、血族、家族の無意識の層が続いており、最上位に1回的存在としての、個人の経験で成

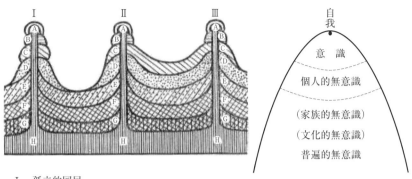

I＝孤立的国民
ⅡとⅢ＝諸国民集団（例・ヨーロッパ）
A＝個体　　　　　E＝人類（民族）集団
B＝家族　　　　　F＝人間の祖先
C＝血族（種族）　G＝動物の祖先
D＝国民　　　　　H＝中心力

図1-5　ユングの心の構造2
（Jacobi, J., 1959 / 1973）

図1-6　普遍的無意識の層構造
（河合, 1977）

り立つ無意識が位置づけられる層構造を成している。このように普遍的無意識は、原始的な動物から民族、文化、家族、個人に至るまで、人類が進化の過程で自らの存在の可能性として無意識に蓄えてきた巨大な精神的遺産であるが、これが各個体における心の構造において再生されるのである（図1-6参照）。

3）昔話を体験的に読んでみよう

　昔話は、元来、口承で伝えられた。我々が心を深く揺さぶられる体験をする時、それは普遍的無意識のパターン（元型）に触れていることが多い。その言葉にならない元型的体験をできるだけ直接に伝えようとして創作された物語が昔話なのである。我々は、子どもの頃から、学校教育によって、様々な知識を学んできた。太陽、月、海などの概念を色々説明することはできる。ところが、昔の人々のように、知識を介さずに、太陽そのもの、月そのもの、海そのものを体験することが難しくなっている。現代人は、あまりにも多くの情報を知り過ぎているが、様々な事物をありのまま体験するということが

困難になっている。我々が生き生きした生活を取り戻すには、様々な事物を区別して認識している意識の世界から、より混沌とした、心身の体験を伴う無意識の世界へ還り、意識と無意識の望ましい関係を作り上げる必要がある（河合, 1994）。ここでは、無意識へ降りていく手段として、昔話をじっくりと読み、そこに物語られている世界を体験してみるのはどうだろうか。

事例：昔話　手なし娘

　むかしむかし、あるところに、仲のよい夫婦がいて、娘が 1 人おりました。ところが、娘が 4 歳の時に母が死んでしまいました。継母が来ましたが、その継母は継子が憎くてなりませんでした。娘が 15 歳になった時、継母は、「父さま、おらは利口なあの子と一緒では、暮らしができないすけに、ひまばくれてくんなんせ」というと、父は、何のとがもない娘を追い出す気になりました。ある時、「娘、祭見さ行こう」と父は娘を誘い出し、きれいな着物を着せて出かけました。父は、山の奥まで連れてきて、握り飯を出して、2 人で食べ始めました。娘があまりに歩いてくたびれたので、いつの間にかいねむりを始めました。父は、腰に差していた木割りで、かわいそうに娘の両腕を切り落として、泣いている娘を置き去りにしました。娘は谷川の水で切られた腕の傷口を洗って、山のなかで草の実、木の実を食べて生きながらえておりました。

　ある時、立派な若者が馬に乗ってそこを通りかかり、娘を見つけました。娘は「父さまからも見捨てられた、手なし娘です」といって泣き出しました。若者は娘を馬に乗せて山を降りました。家に帰って、若者の母に「どこか家に置いて下さい」といって、娘の身の上を残らず語って聞かせました。若者の母も、心優しい人でしたから、自分の娘のようにかわいがってやりました。しばらく経って、若者は母に、「あの娘を私の嫁にして下され」と頼むと、承知してくれましたので、婚礼の祝をしました。そのうち子どもが生まれ、若者は江戸へ上ることになりました。「母さま、生まれる子どものことは、お願い申します」といって、後のことを頼みました。かわいい男の子が生まれると、若者の母さまは子どもが生まれたことを手紙に書いて、隣の使い走りの男に頼んで、早飛脚を立てました。

早飛脚の使い走りは、途中でのどが渇いて、ある家に立ち寄り、水や酒をもらって飲みました。ところが、その家は手なし娘が生まれた家でした。継母は、早飛脚から娘が子どもを産んだことを聞き出しました。継母は、早飛脚が酔っぱらったすきに、手紙を取り出し、「かわいい男の子が生まれた」という内容の手紙を「鬼とも蛇ともわけのわからない化け物が生まれた」と書き直しました。その手紙を受け取った若者はたいそう驚いたけれども、「自分が帰るまで大切に育てるように」と書いた手紙を早飛脚に持たせ帰しました。ところが早飛脚は、戻る時に、もてなしてくれた継母の家を思い出し、立ち寄ってみました。そこで継母は早飛脚が眠ったのを見はからい、返事の手紙を取り上げ、「娘も子どもも追い出すように」と書き換えて、入れてしまいました。

　手紙を受け取った若者の母は、「大変なこんだ」と驚き、使い走りを問いただしたけれども、使い走りはうそをいいました。若者の母は、仕方なく、その返事の内容を手なし娘に話しました。手なし娘はたいそう悲しみました。「（若者の）母さま、この片輪者の私にかけて下されたご恩返し1つできないで、出て行きますのは悲しいことだけれども、若さまの心とあればいたしかたありません。出て行きます」といって、娘は子どもを負ぶわせてもらって、泣く泣く家を出て行きました。娘はそのうち流れのあるところに来ました。ひどくのどが渇いたので、こごんで飲もうとすると、背中の子どもがずるずるとずり落ちそうになりました。びっくりして、ない手で押さえようとすると、不思議なことに両方の手がちゃんと生えて、子どもをしっかりと抱き止めました。「やあ、うれしい、手が生えて来たよう」と娘はたいそう喜びました。

　江戸から帰ってきた若者は、事情を知り、早飛脚に立てた隣の使い走りの男を問いただすと、継母の家で酒を飲まされたことがわかりました。若者の母は、若者をせき立てて、娘を探しにやりました。若者は、流れのそばのお社まで来ました。すると子どもを抱いた1人の女乞食が、神さまに一心に祈っておりました。うしろ姿を見ると、妻によく似ているけれども両手を持っているので、若者はふしぎに思いながら声をかけてみました。女乞食は手なし娘でした。2人はたいそう喜んで、ともにうれし泣きに泣きました。どうしたことか、その涙のこぼれるところには、うつくしい花が咲きました。3人は一緒に帰りました。継母と父は地頭さまに罰せられたそうです。

（関〔1956〕より一部改変）

5人グループを作り、「手なし娘」の登場人物である「娘」「継母」「父」「若者」「若者の母」の5人からそれぞれが1人を選ぶ。そして、その登場人物がその時々にどんな感情になったか、登場人物の感情の動きを読み取って書いてみよう。その後、登場人物の感情の動きをお互いに発表して、登場人物それぞれの心のあり方について話し合おう。

■引用・参考文献

Baron-Cohen, S., Leslie, A. M. & Frith, U. (1985). Does the Autistic Child Have a 'Theory of Mind'? *Cognition*, **21**(1), 37-46.

Breuer, J., und Freud, S. (1895). *Studien über Hysterie*. Leipzig und (Wien: Deuticke. pp.15-37.) Standard ed., II. 21-47. 金関猛 (訳) (2004). ヒステリー研究 上・下. 筑摩書房.

Descartes, R. (1637). *Discours de la Méthode*. Paris: Editions. Flammarion. 谷川多佳子 (訳) (2001). 方法序説. 岩波書店.

Ellenberger, H. F. (1970). *The Discovery of the Unconscious. The History and Evolution of Dynamic Psychiatry*. New York: Basic Books. 木村敏・中井久夫 (監訳) (1980). 無意識の発見　力動精神医学発達史 上・下. 弘文堂.

Fantz, R. L. (1961). The Origin of Form Perception. *Scientific America*, **204**, 66-72.

Freud, S. (1917). *Vorlesungen zur Einführung in die Psychoanalyse*. 懸田克躬 (訳) (1973). 精神分析入門. 中央公論社.

Freud, S. (1933). *Neue Folge der Vorlesungen der Einführung in die Psychoanalyse*. (Wien: Internationaler Psychoanalytischer Verlag, 1933). Standard ed., XXII, 132. 古沢平作 (訳) (2014). 続精神分析入門　フロイド選集 第3巻. 日本教文社.

Jacobi, J. (1959). *Die Psychologie von C. G. Jung*. Charles E. Tuttle Co. 高橋義孝 (監修) 池田紘一・石田行仁・中谷朝之・百渓三郎 (共訳) (1973). ユング心理学. 日本教文社.

Jung, C. G. (1931). *Wirklichkeit der Seele, Anwendungen und fortschritte der neueren Psychologie*, Zürich: Rascher. 江野専次郎 (訳) (1970). こころの構造―近代心理學の應用と進歩―. ユング著作集 3. 日本教文社.

Jung, C. G. (1952). *Symbole der Wandlung. Analyse des Vorspiels zu einer Schizophrenie*. Vierte, umgearbeitete Auflage von "*Wandlungen und Symbole der Libido*". Zürich: Racher. 野村美紀子 (訳) (1992). 変容の象徴 上・下. 筑摩書房.

Jung, C. G. (1963). *Memories, Dreams, Reflections*. New York: Pantheon Books. 河合

　隼雄・藤縄昭・出井淑子（共訳）（1972）．ユング自伝 Ⅰ・Ⅱ．みすず書房.

加藤義明・中里至正（編）（1987）．基礎心理学 Ⅰ．入門心理学．八千代出版.

河合隼雄（1967）．ユング心理学入門．培風館.

河合隼雄（1977）．無意識の構造．中央公論社.

河合隼雄（1994）．昔話の深層．講談社.

Lewis-Williams, D.（2002）. *The Mind in the Cave*. Thames & Hudson Ltd., London.
　港千尋（訳）（2012）．洞窟のなかの心．講談社.

Locke, J.（1690）. *An Essay Concerning Humane Understanding*, London.

Meltzoff, A. N., & Moore, N. K.（1977）. Imitation of Facial and Manual Gestures by
　Human Neonates. *Science*, **198**, 75-78.

明和政子（2015）．まねが育むヒトの心．岩波書店.

NHKスペシャル取材班（2012）．ヒューマン―なぜヒトは人間になれたのか―．角川グ
　ループパブリッシング.

関敬吾（編）（1956）．日本の昔話 Ⅰ　こぶとり爺さん・かちかち山．岩波書店.

高間大介（2010）．人間はどこから来たのか、どこへ行くのか．角川書店.

梅本尭夫・大山正（編著）（1994）．心理学史への招待―現代心理学の背景―．サイエン
　ス社.

第2章

「私」とは何か—心の深層から見える「私」—

到達目標

1. 私という体験の多様性を理解する
2. 私という感覚の成り立ちや私をめぐる心理現象を理解する
3. 私というものの危機体験やその治癒過程について学ぶ

1 私は誰か

現代社会において問題となっている、様々な心の課題を考えていく際に、心理学では、私たち1人ひとりの心のあり方がどのような状況にあるのかを日頃の実感覚から捉えていくことが大切になる。この章では、「私」という主観的体験の多様さを捉えることを通じて、心の現象を考える。

1）私という感覚や状態の多様さ

「私は誰か」という問いは、素朴に「私は私である」と感じている時や、「私」ということをはっきりと意識していない時には不自然なものに聞こえるかもしれない。また、私たちは自分のことを、当然のように他の誰でもない「私」と感じていることも多い。そして、「私」とはある1つのまとまりである感覚や、時間・空間の変化を経ても「私」は連続していて同一の存在である感覚を持っているかもしれない。

ただ、ひとたび注意深く観察してみると、心のなかでいくつかの私がゆるやかに並存しているように感じられる人もいる。それらがやり取りしていると感じられることや、普段の私とは違う別の私になっているように感じられ

ることがある。そのような状況では、心のなかの複数の考えや気持ちといった心的要素が並存したり衝突を起こしたりしていることがある。また、心的要素というよりは、ひとまとまりの私というものが複数並存して入れ替わるように体験されることもある。他にも、ひとまとまりの私が保たれている感覚とそれが保たれずに漏れる感覚、異質なものが入り込む感覚、まとまりがばらばらになる感覚があることや、私という感覚がそもそもはっきりしないか感覚がないこと、私が外的対象や現象と1つに溶け合う感覚が生じやすいということもある。

　こうした「私」のゆるやかな複数性の感覚、私同士の相互関係や交代、私というまとまりの保持と喪失、私という感覚のなさや世界との融合といえるような体験は、一時的なものとしては誰にでも日常的に見られるし、もともとそれらの傾向が特性として高い人もいる。これらは特殊だったり病理的な現象という場合だけではなく、主観的に体験される私という感覚として、程度の差はあれ日常的に見られるようである。

　ただ、これらの頻度や強さが増したり、ゆるやかな私という感覚を超えて、私とははっきり違う自律的な動きを持った心のなかの他者（もう1人の私）のように現れ始めると、日常生活の送りづらさもあいまって、何らかの障害として分類されることもある。ここで事例を1つ挙げる。

事例：物事に実感が湧かなくなった

　10代後半の男子大学生Ａさんは、高校生の頃から、授業中に現実感が薄れてきて、授業をしている教師が人間ではなくロボットのような生命感のない感覚が湧いてきた。映画のスクリーンのように、教室の黒板に向かう視界全体が現実感のない映像になることもあった。そのうち、もとの私の感覚には戻らなくなって、生活のどの場面でも以前のような実感や現実感がなくなってしまった。今もその感覚があって、何かにつけて無意味感にとらわれる。

　事例のように、ある時から世界や自己や身体などの実感が失われ、人によっては、「ベールやガラスの向こうに現実世界があるようだ」とか、「生命

感を与えていた何かが剥ぎ取られて、周りのものが見慣れぬものやグロテスクなものに見える」とか、「生命感や感情・感覚をもたらす魂のようなものが失われて心が平板になったようだ」と訴えられることがある。こうして自己感覚や現実感覚が失われ、傍観的で何においても実感が湧かない状態が持続して生活に困難をきたすようになると、精神医学では**離人感・現実感喪失障害**（depersonalization / derealization disorder）と診断される。

　このような、「私」の不確実感に襲われる体験は、「私」だとこれまで素朴に感じていたものが何だったのか、どうすればもとに戻れるのかと問われることになる。この体験は、現実での過酷な状況や慢性的な緊張状態などとも関係して起きるため、**心理療法**（psychotherapy）では、安心できる治療関係のもとで、失われた魂の消息を探るかのように、イメージやわずかに漂ってくる情動に注目するような方法もある。それらの素材を媒介にして、自己・身体・世界の実感や現実感を生み出していた心理機能と私（自我）との乖離を埋めてつなぐような作業となる。そして、治癒とともに自己や世界のリアリティや生命感や意味感がどこから戻ってきたのか、どう成り立っていたのかを知るようになると同時に、以前とも違う新たな私を生きることになる。

　ところで、我々はいつも同じ意識状態でいることはない。特別な症状はなくとも、私についての感覚が状況によって移り変わることを知っている。ただ、周りの人と比べて、どれくらい違うのだろうか。それほど違わないと思っていても、身近な人のものの感じ方や捉え方をよく観察すると違うことに気がつく。距離の近い人や家族の方が違いを実感できる面がある一方で、同じであるはずとの素朴な同一視にも陥りやすく、事態は複雑になりやすい。

　心理的支援の場面では、①**クライエント**（来談者）のどのような性質や語りにも偏りなく肯定的な関心を向ける**無条件の肯定的関心（受容的態度）**や、②クライエントの語りをあたかもその人自身であるかのように感じ取って理解を伝え返す**共感的理解**が大切にされている。Rogers, C. R.〔ロジャーズ〕（1957 / 1966）の**クライエント中心療法**（client centered therapy）では、それら①②が、③**自己一致**（カウンセラーが今ここでの体験をありのままに受け入れている）とともに、**治療的人格変化の必要にして十分な条件**として強調された（第13

章6-3)参照)。これらは、安易に私と他者が同じであるはずだとする考えや、このように感じるに違いないという偏見を一旦カッコに入れて、その人の主観的な感じ方や捉え方をありのままに聴いて理解する態度である。

ただ、様々な「私」のあり方を抱えた人の語りに、受容的態度や共感的理解だけで臨むことが難しいことも知られている。なかでも、**セラピスト**（治療者）とは極端に生活体験や環境背景が違う人、特殊な体験を経てきた人、生まれながらの気質や特性、育ちのなかで形成されたパーソナリティの特徴が違う人などでは、セラピストが目の前のクライエントの態度や語りを丁寧にありのまま捉えようと努力しても、思い違いやズレが生じることも多い。その結果、心理療法の方針や目的があいまいになることもある。そのため、臨床心理学では様々な「私」というもののあり方やその適切な関わりについて学び、**臨床心理査定**（アセスメント）の手立てや**臨床心理面接**での指針としている。

2）「私」の始まり

そもそも「私」という感覚はいつからどのように始まるのだろうか。私が1つにまとまっているという感覚や、過去も現在の私も同じ1つの私であるような感覚は、いつからどのように芽生えるのだろうか。近年、科学技術の発展により出生前の胎児の様子が観察できるようになって、そこにはすでに自己感覚の下地になるものを読み取ることもできるようだが、ここでは出生後の「私」についての感覚の始まりについて考える。

この「私」という感覚の始まりについては、乳児の体験世界を母子関係の観察から捉えた**Stern, D. N.**〔スターン〕*（1985 / 1989）が参考になる（表2-1参照）。スターンは、詳細な乳幼児観察によって、乳児にすでに「私」についての感覚である**自己感**（sense of self）あることを見出した。従来の精神分析的な発達論（Mahler, S. M.〔マーラー〕など）は正常な自閉・共生から分離して「私」が生じるモデルであったが、精神科医で精神分析家でもあったスターンは乳児期から「私」の萌芽である自己感があり、それを通じて、すでに他者と言語以前のレベルでの交流を行っていることを示した。

表 2-1　スターンの自己感（sense of self）の発達（Stern, D. N., 1985 / 1989）

出生～生後 2 カ月	**新生自己感**（sense of an emergent self）：自己感覚が芽生える。一貫した自己の感覚はまだ備わっていないが、生理的な感覚と刺激の弁別能力によって体験を組織化していく。
生後 2～6 カ月	**中核自己感**（sense of a core self）：一貫した自己感覚が備わる。自己-発動性、自己-一貫性、自己-情動性、自己-歴史という、大人の「私」にも内在する 4 つの基本的感覚が生じる。
生後 7～9 カ月	**主観的自己感**（sense of a subjective self）：他者の行動の背後にある精神状態（感情、動機、意図）がわかり、親との間に互いの主観体験が共有される。
生後 2 年目	**言語自己感**（sense of a verbal self）：言語が発達することで形成される。それまでの自己感が関わりの瞬間瞬間に経験される主観的経験によるが、言語自己感は客観的で概念的なものとなり始め、自己を客観視する自己反映（self-reflective）能力を持ち、象徴の使用や願望を抱くことなどが可能になる。

　スターンは自己感を軸にして乳児の体験世界とその発達を捉えている。出生から生後 2 カ月まではまだ一貫した自己の感覚は備わっていないが、生理的な感覚と刺激の弁別能力によって体験を組織化し、生後 2～6 カ月には一貫した自己感覚を持つようになる。この時期には、他者からの関わりに対して自分が行為を発動しているという感覚（自己-発動性）、自分の行為にはまとまりがあって断片化されていないという感覚（自己-一貫性）、自分の内部のものとして情動を体験する感覚（自己-情動性）、自分の過去との間に連続性がある感覚（自己-歴史）という、大人の「私」にも内在する 4 つの基本的な自己感覚が生まれる。生後 7～9 カ月になると、他者の行動の背後にある精神状態（感情、動機、意図）がわかって、それが親との間で共有されるようになる（**間主観性**の成立）。例えば、乳児の声に母親が身振りや声の抑揚などで反応するなど、乳児の表現の背景にある情動状態を汲み取って母親が他の表現で返すことで（**情動調律**）、乳児は情動が共有される体験をする。生後 2 年目には言語が発達し、自己を客観視することも可能になる。

　また、自己感は社会関係の基礎となっていて、自己感に含まれるとされる感覚のうち、①「発動の感覚」がないと行動しても自分がしていると思えない、②「身体的融和感」がないと肉体的体験の断片化や離人感や現実感喪失となり、③「連続性の感覚」がないと一時的解離や健忘となり、④「情動の

感覚」がないと、解離状態や、喜びや満足を得られない状態になり、⑤「人と体験が共有できる感覚」がなくなると強い寂寥感や心が見透かされる感じとなり、⑥「組織化されてまとまる感覚」がないと精神的大混乱となり、⑦「意味伝達の感覚」がないと交際の欠如や知識の妥当性を確認できないということも起こりうる。スターンは、表2-1の4つの自己感が入れ替わるのではなく、どれもが生涯を通じて作動していると想定している。このように、「私」の感覚は、すでに乳児期には備わっている自己感に始まり、現在の私はそれによって基底から支えられている（次項以降の「自我」も、スターンが観察した自己感を基礎として複雑に機能する心理的複合体と見ることができる）。

3）もう1つの「私」の始まり―自我体験―

私というものは、社会との関係において生涯を通じて変化を遂げる。こうした変化は心のまとまりが損なわれることで危機的に体験されることもあるが、外的な被害などで心を脅されるような事態がなくても、人生の様々な節目で、我々は一時的に「私」のまとまりが揺らいで収まりがつかなくなる体験や、それを契機に新しい私が生まれてくる経験を持っている。

ここではそうした体験のなかでも、「私」が対象化されて、今までよりはっきり自覚される**自我体験**（Ich-Erlebnis）について取り上げる。この体験は、10歳前後の**前思春期**にもっとも生じやすいとされている。自我体験とは（天谷, 1998）、自分を対象化して見ることができるようになった後、①「どうして自分がこの自分なのか」「自分とは何か」「自分が存在するとはどういうことか」など、自分の実存への探索や疑問が生じる体験である。それは、②「この姿かたちの自分が本当に自分か」というふうに普段は自分だと同定していたもの（名前や体）への感覚的違和感や、③「なぜ自分は今この時代にこうして存在するのか」「自分はどこから来てどこへ行くのか」といった自分の起源や場所への疑問となっても現れる。また、④「自分は他の何者でもない自分である」「自分は他の人とはいれかわれない私である」という独自性や「自分は自分なんだ」という自分の実在感など、自分というものへ意識として体験される。

もともと、「自我体験」とは、Bühler, C.〔ビューラー〕（1921 / 1969）が表現した言葉であるが、明確な体験の定義はしていない。彼女は、前思春期を含む思春期の体験として、それは「自我が突如その孤立性と局限性において経験される」独特なもので、自分を対象化して意識している主体としての「私」に気がつく体験であるとした。それは、今まで自明であった自分や世界に対して疑いの余地が生じたり、独自性や孤立性、変化の感覚として「私」の目覚めと体験されることもある。

　「私」をこのように意識する体験は、心的機能の発達段階に応じて幾度か多少なりとも見られるが、前思春期の体験は特別なものとされる。「自我体験」が生起する前提の１つとしては、認知機能などの発達的要因が考えられる。例えば、前思春期は時間や空間の認知に変化が見られる時期とされている（Piaget, J.〔ピアジェ〕の認知機能の発達論＊〔1964 / 1968〕では具体的操作期の後半にあたる）。空間認知では、自分が今見ている視点を心のなかで自由に移動させて、違う位置から見ている自分や世界を想像できるようになる。それによって他者の視点に立って自分を外から客観視できるようになる。また、永遠の時間や無限の空間といった想像も可能になる。こうした発達によって、今ここでの自分の位置を中心に世界を見ている自己中心性の認知から、自己の脱中心化、相対化に至ることが、「私」というものを強く意識する「自我体験」のもとになると考えられる。この体験は人によってはゆるやかな変化で目立たないか、時期が後になることもあるが、前思春期は新たな「私」の感覚が生まれるような内的変化が起きる節目の時期である。

2　人生早期の記憶

　幼少の記憶については、何も思い出せないという人もいれば、思い浮かぶのは外界や内面にまつわる感覚的場面の断片という人も多い。過去の写真や動画を見たことで記憶が再構成されているという場合もあれば、現実とファンタジーが混在するような記憶もある。幼少の記憶といわれると、傷つき体験がたびたび想起され、つらい思いをしている人もいるだろう。記憶は私に

とって異物であると体験されることもあれば、記憶こそ私そのものであると感じられていることもある。ここでは「私」について、人生早期の記憶を通じて考える。

　記憶には、**宣言的記憶**と**非宣言的記憶**という２つがあり、相互に関連し合っているとされている。宣言的記憶は、**エピソード記憶**（個人が経験した出来事に関する記憶。例えば、昨日どこで誰と何をしたかというもの）と、**意味記憶**（言葉の意味、概念、情報など社会的に共有された知識。例えば１年は12カ月など）のことをいう。非宣言的記憶には、**手続き記憶**（自転車の乗り方など技術や習慣的な行動を身体で覚えて想起せずとも自動的に機能するもの）などがある。本章でいう「人生早期の記憶」とは、宣言的記憶のなかのエピソード記憶を指しており、言葉やイメージによって思い浮かべることが可能な記憶である。

　人生早期の記憶は、３歳以前のものになると記憶内容としてほとんど思い出すことができず、それは**幼児期健忘**ともいわれている。それ以前の時期は一時的な記憶の能力はあっても、まだ**長期記憶**としては保持されにくい。そのなかでも現在の「私」に想起される一番最初の記憶内容は**最早期記憶**（the earliest memory）といわれる。それは今ここで思い出せる限りでのもっとも初期の記憶であり、個人が人生のなかで体験した様々な出来事に関する**自伝的記憶**（「エピソード記憶」に含まれる）の始まりである。

　最早期記憶は、３歳前後のものが一般的によく見られるが、ある場面の視覚、聴覚、触覚のまだ断片のようなものであったり、俯瞰して自分を見ているような記憶も多いとされる。俯瞰の視点は知覚されたままの記憶でないことから、後から再構成されたものかもしれないが、自我意識の芽生えとともに記憶に保持されたことが関係しているのかもしれない。

　臨床心理面接では、最早期記憶について、「私」の基本的な関係性の持ち方や早期の経験のあり方を知る手がかりとして参照されることがある。**精神分析**（psychoanalysis）を創始した Freud, S.〔フロイト〕は最早期記憶について「遮蔽想起」（1899）として考察し、のちに精神分析では精神病理や問題行動との関連について研究がなされている。Adler, A.〔アドラー〕による**個人心理学**（individual psychology）でも、最早期記憶にはその人の基本的な人生観

や他者との関係などが含まれると考えられた。最早期記憶は現在のその人によって想起されるものであるため、想起するたびに変遷することもあり、そのことからも最早期記憶の話題は、現在のその人の傾向や状況に一致するような心的要素を含むものと考えられた。

　ところで最早期記憶をはるかに遡る記憶として、世のなかでは前世記憶が話題になることがある。これは子どもの語りや、大人では催眠など心理的退行状態で想起されやすい。過去の客観的事実かは別として、そこでは宗教的な輪廻思想と関わりがなくとも、ある種の輪廻感覚が普遍的に生じる。また、1980年代後半、若者の間では前世の記憶が同じである仲間を探すという社会現象が起きたことがある。当時の漫画で、異星人だった時の前世記憶（外傷的なものを含む）が覚醒したことで、前世の私の記憶と現在の地球人としての私との間で内的混乱が起き、それをどう収めて生きていくかがテーマとなるもの（日渡, 1986-1994）などが流行ったことと呼応して起きた社会現象であった。これらの現象では、私がどこからやってきてどこにゆくのか、私の由来や成り立ちについての問いを根本的に基礎づけるものとして、前世観念とその記憶が現れている。「私」が揺らぐ時、私を基礎づける普遍的で物語的な記憶が時に大きな役割を担うことがある。また、前世の記憶と現在の2つの私の混乱状態を統合して現実を生きていくテーマは、思春期・青年期の若者のようにこれまでの私とは別の自立した私が生まれてくる時期や、過去に外傷を持った私が今の私と共存する自我状態においては、私にとっての大切な物語となることがわかる。

3　「私」のあいまいさや危うさ

　心理学では、「私」についての捉え方の傾向を知る方法に、「20答法 (Twenty Statements Test, TST / Who am I？法, WAI)」(Kuhn, M. H., & McPartland, T. S., 1954；星野, 1989) がある。私は誰かという問いに、「私は」という言葉に続けてできるだけ速く浮かぶままの文章を20通り書くもので、「私は大学生です」といった社会的客観的内容は「合意反応」、「私は明るいです」といっ

た主観的内容は「非合意反応」と分類して比較することもできる。こうした質問紙法では、自分の名前、所属、役割、特徴などが次々浮かぶ人もいれば、答えたくない人もいる。私という感覚の多様さや移ろいを感じる人も、何ともいえない反応のできなさを感じるかもしれない。「私」など幻想なのに問いに意味があるのかと思う人、何が本質かと考え込む人、私が漠然としていて答えようがないという人、私という感覚や考えがないという人、ばらばらでその場限りという人、私以外にも私があるという人もいる。これらの私の感覚は日常的で素朴なものである場合と、切実な生きづらさである場合がある。ここでは、生きづらさや危うさをめぐる「私」を取り上げる。

　精神病理学者の Jaspers, K.〔ヤスパース〕(1948 / 1956) は自我が自分自身をいかに意識するかについて、①能動性の意識（「私の」「私が」という主体が伴う意識）、②単一性の意識（1つであるという意識）、③自我の同一性の意識（時間経過のなかでも同一の私である意識）、④外界に対立する自我意識（自他の区別がある意識）と、4つの基本的な自我意識の様式があるとした。スターン（1985 / 1989）によると、これらの基礎となるものが乳児期の自己感に始まる。

　こうした自我意識の基本的様式が、無意識の圧倒的な力によって極度に損傷を受ける事態として、**統合失調症**（schizophrenia）がある。その特徴は、事実ではないことを事実であると思い込む妄想、その場にないものが見えたり聞こえたりする幻覚、話す内容が頻繁に脱線したりばらばらになる発話、ひどくまとまりがなくなる行動、感情の平板化や意欲欠如（**陰性症状**＊）などがあり、仕事、対人関係、自己管理などの機能レベルが病前より著しく低下する。このように、これまで働いていた自我機能が障害されるため、自我の機能水準がどの程度であるのかを知ることが病態理解や支援に役立つ。Bellak, L., et al.〔ベラックら〕(1973) は、自我機能を 12 の機能に分けて、統合失調症における自我機能の状態を検討し、その治療でも、生物・心理・社会的要因によって、どの自我機能に欠陥が見られるかを評定することが大切であるとした。「私」を理解するこうした自我機能の視点は、臨床心理査定や支援に役立っている（自我の 12 機能は「私」の働きを理解をする視点となる。表2-2 参照）。

表2-2　自我の12機能（Bellak, L., et al., 1973；中西・古市, 1981 を簡略）

①現実検討	心の内と外を混同しない。両方を正確に知覚・解釈し、どの程度正確かを認識できる程度など
②判断	意図的行動の結果予測、行動の適切さなど
③現実感覚	実感・自己感喪失の程度、自己感覚や自尊感情の発達、自我境界の程度など
④動因、感情、衝動の制御と統制	衝動的活動やその直接性、欲求不満耐性の程度など
⑤対象関係	他者との関係の程度と質、現在の関係が過去の影響に拘束される程度、他者を自分と違う独自の存在として対応する程度、対象不在や不満に耐える安定度など
⑥思考過程	記憶、集中力、注意における適応度。思考の抽象性・具象性が状況に合っている程度。言葉や交流に意識的・無意識的なものが反映される程度など
⑦自我による自我のための適応的退行	無意識的なものに意識を保持したまま心を緩め、適応が崩れず自我の統制が保たれる程度。その結果、潜在的適応力が増す程度など
⑧防衛機能	防衛機制などが適応に影響を与える程度、防衛の成功失敗など
⑨刺激障壁	感覚刺激に対する反応の適応や統合の程度、対処の効率性など
⑩自律的機能	注意、記憶、学習、知覚、運動、意志などが損傷していない程度。習慣、複雑な技能、興味などの障害がない程度など
⑪総合・統合機能	ばらばらか矛盾した態度、価値、感情、行動、自己表象の調和や統合。心と行動とを能動的に関連づける程度など
⑫支配・有能性	環境と作用し合うことができ、適切な有能感が持てる程度など

　次に、統合失調症ほど自我機能は障害されないが、私の主体性が奪われる体験として解離性障害を取り上げる。なかでも、**解離性同一性障害**（dissociative identity disorder）では、私とは別の人格（交代人格）に入れ替わるなど自己感覚や意思の働きの不連続状態によって、人格の同一性が保てなくなり、感情、認知、知覚、記憶などの機能が変化してしまう。

　この解離現象については、深層心理学の1つである**分析心理学**（analytical psychology）を創始した Jung, C. G.〔ユング〕が、最初の論文「オカルト現象の心理学と病理学」（1902）で霊媒現象（霊が憑依したように別人格が現れる）を扱い、私という主人格の機能が途絶えたり、交代人格が現れる現象として解離を初期から検討していた。ユングの分析心理学では、解離現象を**コンプレックス（心的複合体）**の1つの働きとして捉えている（第4章-3）。日常語（日

本語）のコンプレックスは劣等感のことを指すようになったが、本来は、ある共通の感情的色合いを帯びた心の要素がひとまとまりになったものを指す。人は誰でもコンプレックスを抱えているが、私（自我）がそれを受け入れて向き合う姿勢を持たないでいると、無意識は自我の偏った態度を補い、心全体のバランスをとるための**補償機能***として、コンプレックスを通じて自我を脅かし始める。例えば、人からいわれたある言葉に反応し、何かに取り憑かれたように感情的になるなどは、私（自我）がコンプレックス（無意識）の影響に曝されていたと考えられる。それらの影響は、精神・身体症状、悪夢、突然の感情的な反応、極端なこだわりやとらわれ、問題行動などとして現れる。

　さらに解離現象では、自我がコンプレックスにより脅かされ、一時的に自我機能が麻痺して意識を失って記憶がなくなることや、自我とコンプレックスの立場が入れ替わって人格が交代することがある。自我に代わってコンプレックスが交代人格（別人格の私）として生じる現象は、特に解離性同一性障害といわれている。

　分析心理学では、自我もまたコンプレックスの１つで、**自我コンプレックス**とされ、無意識から分化して生まれてきた心的要素であると相対的に捉える。ただ、自我はコンプレックスのなかでも特別な機能を持って突出している。そんな自我を凌いで、頻繁に交代人格として置き換わることが可能なほどのエネルギーや人格性を帯びたコンプレックス（もう１人の私）はどのように形成されるのだろうか。

　それは児童虐待など持続的で逃げ場のない**トラウマ体験***（存在を脅かされる危機体験）によることが多い。自我がまだ成長途上にある子どもでは、それ以上の心身の破綻を防ぐ緊急措置として**解離**が知られている。例えば、心を麻痺させ現実感覚を失わせる。虐待する者に自分を委ねて服従して分離した私が傍観する。場面に応じて人格を２つ以上に分離してやり過ごすことでバランスを保つ。苦痛な体験は私ではなくてもう１人の私（身代わりの私）に起きていたかのように切り離す。こうした解離によって普段の人間関係にも適合できる対処がされてきた。

このように、解離性同一性障害の、自我を迫害し圧倒して自我と入れ替わってしまう人格（コンプレックス）は、自我の生存のために、子どもの頃に心のなかで分離され迫害された人格であり、トラウマの傷を生々しいまま抱えていることがある。その後、子ども時代の危機状況を何とか生き抜いたがまだ十分な安心を得られたことのない私は、脅威を直接引き受けていたもう1人の私を分離させたままでいることが多い。ある解離性障害の事例では、調子が悪い時に「死んでしまえ」などと迫る命令が別の人格から聞こえると語られる。トラウマの恐怖を一方的に負わされ隔離されていた別の人格（コンプレックス）が恨みを吐き出して自我を脅かしていると考えられる。

　ただ、分析心理学では、心が補償機能を示すとも考える。つまり、無意識から迫るものは、自我の偏らざるをえなかった態度を補い、心全体のバランスを回復させる機能を担っていると。この観点から見ると、自我に迫る別人格の真の想いとは、恨んだままになっている人格の鎮魂や心全体の調和を求めての関わりであることがわかってくる。つまり、迫ってくる別人格は癒されることを望む者でもあり、調和に向かう関わりを生む癒し手でもある。

　トラウマの心理療法では十分な安全が確保され、安心して語れる場が提供される。脅かされない安全安心が保証されて初めて自我は、もう1人の私（別人格）の想いを感じ取れるようになる。迫害してくる別人格は、以前私が迫害して切り離したままの人格であって、たくさんの傷や恨みを抱えているのだと。やがてその気づきから自我とその他の人格との交流が生まれ変化が起きていく。そうなると私の人格を乗っ取ることで破壊的に意思を示すような人格交代は必要なくなる。そこでは、複数の人格を心のなかで同時にイメージとして登場させて対話を重ねていくというイメージ技法を用いる方法（自我状態療法など）が有効な場合もある。そこに最年少の子ども人格が登場する場合は、最初のトラウマ体験から守ってくれた大切な存在であることも多い。ここでは、どの存在も私が生き延びるために役割を担っていた大切な存在であるとして互いを認め合い、イメージのなかで時々安全に対話しながら共存して現実を生きていけるようになる。また、自我を圧倒し迫害していた別人格が人格という形を解かれて心的要素（機能）に戻り、そのエネルギー

が自我へと注ぎ込まれて意識に統合される治療展開もある。それらによって、私は今までにない新たな私という感覚を生きられるようになる。

　このように私の主体が奪われる解離現象も、私のために犠牲になっていたもう1人の私との出会いの物語となることもあり、私の多様性を考える一助となる。

◎アクティブラーニング演習◎

1. 最早期記憶を思い起こして書いてみよう。ただし、つらい記憶や知られたくない記憶は除く。幼少期の記憶でなくとも、すぐ思い出せるものでよい。①それは何歳頃の記憶か。②断片的か一連の流れがあるか。③どんな印象や感覚があるか。④感情のようなものはどうか。⑤そこから連想すること。
2. いわゆる「自我体験」といわれるような体験をした記憶はあるか。何歳頃のもので、どのような体験だったか。

■引用・参考文献

天谷祐子（1998）.「自分というものへの気づき」現象に関する探索的研究―大学生による自我体験の報告から―. 名古屋大學教育學部紀要 教育心理学科, 45, 75-82.

Bellak, L., Hllrvich, M., & Gediman, H.（1973）. *Ego Functions in Schizophrenics, Neurotics, Normals*. New York: Wiley.

Bühler, C.（1921）. *Das Seelenleben des Jugendlichen*. Stuttgart-Hohenheim: Fisher Verlag. 原田茂（訳）（1969）. 青年の精神生活. 協同出版.

日渡早紀（1986-1994）. ぼくの地球を守って. 白泉社.

星野命（1989）. 自叙伝法・二〇答法. 星野命（編）. 性格心理学新講座6　ケース研究　個性の型態と展開. 金子書房.

Jaspers, K.（1948）. *Allgemeine Psychopathologie*. Berlin und Heidelberg: Springer. 内村祐之ら（訳）（1956）. 精神病理学総論. 岩波書店.

Kuhn, M. H., & McPartland, T. S.（1954）. An Empirical Investigation of Self-Attitudes. *American Sociological Review*, 19, 68-76.

中西信男・古市裕一（1981）. 自我機能に関する心理学的研究. 大阪大学人間科学部紀要, **7**, 189-220.

Piaget, J. (1964). *Six Etudes De Psychologie*. Geneve: Editions Gonthier. 滝沢武久（訳）（1968）. 思考の心理学. みすず書房.

Rogers, C. R. (1957). The Necessary and Sufficient Conditions of Therapeutic Personality Change. *Journal of Consulting Psychology*, **21**, 95-103. 伊東博（編訳）（1966）. サイコセラピィの過程　ロージァズ全集 4. 岩崎学術出版社.

Stern, D. N. (1985). *The Interpersonal World of the Infant: A View from Psychoanalysis and Developmental Psychology*. New York: Basic Books. 小此木啓吾・丸田俊彦（監訳）（1989）. 乳児の対人世界　理論編. 岩崎学術出版社.

第3章

ものの見方・捉え方における心（感覚と知覚）

到達目標

1. 感覚と知覚の特徴を知り、日常の経験とどう関わるかを考える
2. ものの見方・捉え方に影響する心の特性を知る
3. 知覚による体験様式を通して心の状態を理解する方法を学ぶ

1 感覚と知覚の特徴について

　人間や動物は、外界からの刺激やからだの情報を的確に捉えて（感覚 sensation）、それらの情報を解釈（知覚 perception）することによって、内外からの危険を回避し、個体や種の生命を維持している。特に人間にとっては、感性や知性などの精神機能の土台となる心の働きである。そのため、心理学において、心の機能の基礎をなす学問分野として重視されてきた。特に1960年代以降、コンピュータの普及とともに、人間の心の働きを精巧な情報処理系とみなす考えが登場し、感覚や知覚、認知の過程を研究する分野が急速に発展した。これらの研究は、我々の生活において、安全や防災、快適性、日用品、食品や化粧品、交通や建築、芸術やデザイン、障害者の支援や加齢変化への対処法、さらには **AI**（Artificial Intelligence, **人工知能**＊）や**バーチャル・リアリティ**＊（Virtual Reality, 仮想現実）など最新の幅広い分野でその知見が応用されている（太田・行場, 2018）。まず、感覚と知覚の定義やその特徴を知って、その概要を学ぼう。

1）感覚と知覚とは何か

　感覚は、感覚器官の受容器に刺激が到達した時に発生する意識の経験のことを指す（大山ら, 1978）。感覚の種類には、五感（視覚、聴覚、味覚、嗅覚、触覚）、深部感覚、内臓感覚、平衡感覚、運動感覚などが挙げられる。そして、感覚の質の違いを、モダリティ（様相）と呼ぶ。感覚は、受容器と呼ばれる特有のセンサー群に適刺激という特定の刺激が加わることで生じる（表3-1）。これらの受容器の感覚神経が興奮することで、その神経に特有の感覚が生じることを**特殊神経エネルギー説**（Müller, J., 1841）と呼んでいる。

　一方、**知覚**は、感覚器官からの情報をもとにして、対象、環境や自他の状況を具体的に知ったり、気づいたりすることで、意識の働きの主要部分をなしている。このように内外の刺激対象や事象に対する解釈や体制化が介在する、能動的な過程を知覚と説明される（藤永・仲, 2005）。

　さらに、感覚や知覚だけではなく、知覚された対象を記憶したり、その用途や状況を理解したり、再認、同定、判断、推理、想像、問題解決などを含

表 3-1　感覚の種類

感覚	適刺激	受容器	感覚の違い（モダリティ）
視覚	電磁的刺激（光）	光受容器（網膜の桿体と錐体）	明るさ、色、形、動き等
聴覚	機械的刺激（音）	蝸牛内の有毛細胞	音の大きさ、高さ、音色等
味覚	水溶性物質（化学刺激）	味蕾の味細胞	酸、塩、甘、苦、うまみ
嗅覚	揮発性物質（化学刺激）	嗅粘膜（嗅細胞）	多種多様
皮膚感覚	圧力・熱・侵害刺激	マイスナー小体、メルケル触盤・パチニー小体等	触・圧・温・冷・痛等
深部感覚	機械的刺激（張力）	筋紡錘・ゴジル腱器官・関節受容器	運動と重さの感覚・筋感覚
平衡感覚	機械的刺激（重力・頭部・身体の傾き）	三半規管の有毛細胞	揺れ・ふらつき等
内臓感覚	機械的・化学的・侵害刺激	機械的・化学的・侵害受容器・内臓組織内受容器	飢餓感・満腹・渇き・吐き気・便意・尿意等

めた知的作業をする心的過程を併せて**認知**と呼んでいる（服部ら, 2015）。

2）感覚と知覚の研究について

　感覚と知覚は古代から研究されてきた。ギリシアの哲学者 Aristoteles, B. C.〔アリストテレス〕は、『心について（Peri Psyches）』において、感覚の一般的性質や分類を行い、体系的に記述した。

　19 世紀に入り、Weber, E. H.〔ウェーバー〕は、感覚の大きさと刺激の物理量との間に明確な法則性を見出し、**ウェーバーの法則**＊と呼んだ。また、同じくライプチッヒ大学の Fechner, G. T.〔フェヒナー〕は、1860 年、精神界と物理界との対応関係を説明する学問として、精神物理学（psychophysics）を提唱し、科学的心理学の成立に大きな影響を与えた。ウェーバーの法則をもとに見出された**フェヒナーの法則**＊は、感覚の大きさが、刺激の物理的強度の変化の対数に比例すると説明する。例えば、友人が待ち合わせの時間に遅れた。当初、待たされている苦痛を強く感じるが、時間が経つにつれて（刺激は増大するが）、待たされた感じが和らいでくるなどの体験が挙げられる。

　さらに、Wundt, W.〔ヴント〕は、1879 年にライプチッヒ大学に世界初の**心理学実験室**を開設した。ヴントは、意識内容を研究対象とし、心の世界を感覚や単純感情などの構成要素で成り立つと考えた。これらの要素を実験と内観によって見出し、それらの結合の法則を明らかにしようとしたので、**構成主義心理学**とも呼ばれる。

　20 世紀になり、Wertheimer, M.〔ヴェルトハイマー〕が、構成主義に反対を唱えた。ヴェルトハイマーは、静止した画像を短い時間間隔を置いて、1 コマ 1 コマ写されると、画像が動いて見える**仮現運動**（apparent movement）の研究を行った。そして、心的現象は、要素に分析できない全体的な動的形態を有すると考えた。1912 年、Köhler, W.〔ケーラー〕や Koffka, K.〔コフカ〕らと、**ゲシュタルト心理学**を創始した。

　1960 年代、コンピュータの発展とともに、情報処理という概念が、人間の精神過程を記述し、理解するための手がかりとなった。そして、感覚や知覚、認知、記憶、意識、注意、思考、推論、問題解決等をテーマとする**認知**

科学、認知心理学 (Neisser, U., 1967) の学問分野が誕生する。認知を情報処理過程に見立てモデル化する方法、**情報処理アプローチ**の研究が盛んになる。

　1980 年代になると、入力と出力を扱う行動主義心理学とは異なり、主体の内面に切り込んで、心的表象がいかに構成され変換処理されるのかが注目される。情報の入力、処理、出力の流れといったコンピュータと人間の表層的な類似性だけではなく、人間と同様の知的処理をするためにどのようなプログラムが必要かといった**計算論的アプローチ**を用いて心を理解しようとする研究が行われる。また、厳密に統制された実験室における研究だけに限らず、他者を含む環境との相互作用に着目した**生態学的アプローチ**、個人の信念を問う**社会的認知**の研究、感情が認知に及ぼす影響など内面との相互作用についての研究、脳活動を可視化する技術（脳機能イメージング、brain functional imaging）開発による**認知神経科学**への関心の広がりなど人間を「環境のなかで活動する身体を備えた行為者」として捉える研究へと進展している。これらは、バーチャル・リアリティ、深層学習（ディープラーニング）や AI の研究に活用され、様々な分野でその成果が期待されている（服部ら, 2015）。

3）感覚と知覚の情報の必要性―感覚遮断実験を通して―

　日常の外部刺激を通した感覚や知覚の情報は、人間の心にどのような影響を与えているのだろう。これを確認する方法として**感覚遮断実験**がある（図3-1）。防音室に暗い照明を使い、快適なベッドを置いた。被験者は、すべての感覚を遮断するため、目に覆いをし、手と腕は、厚紙の筒のなかに収められてベッドに横たわった。また、空調と温度調節のための音は一定で、他の音を遮った。食事とトイレは不自由にならないよう配慮されていた。カナダのマクギル大学における研究では、被験者は次の反応を呈した。まず、短時間しか眠れず、4〜8時間を経た頃から退屈をし始めた。身体を動かし、感情的に非常に不安定となった。ある被験者は、歌をうたい、口笛を吹き、独語する者もいた。注意を集中して考えることができなくなり、簡単な数学の問題も解くことができなかった。実験に参加した86％（29人中25人）の学生らは幻視に悩まされ、少数の者は幻聴を体験した。幻視は、閃光、点滅光や

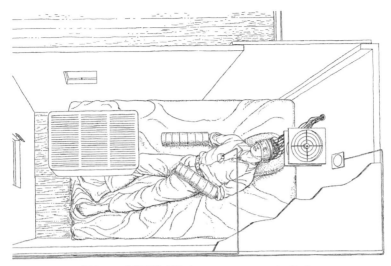

図 3-1　感覚遮断実験（Bexton, W. H., et al., 1954）

光の煌めき、幾何学模様などの単純なものから、「歯車がゆっくり回っている」「白いボールが漂っている川」など複雑なものまであった。休息できると考えていた被験者だったが、1日か2日しか実験室にとどまることができなかった（Vernon, J. A., 1966 / 1969）。

　このように外部刺激による感覚が遮断されると、我々は情報源のすべてを自らの内部にしか頼れなくなってしまう。刺激への渇望が強くなり、感覚遮断実験後に得られる刺激を素直に受け入れやすくなる。こうした心理を**マインドコントロール**として利用し、家族と連絡のとれないビルの1室や刺激の少ない場所に連れていき、商品の購入を強い、団体への加入を強制するなどの行為をする人々もいるので、注意しなければならない。

2　ものの見方や捉え方に影響する心

1）錯　　覚

　この写真（図3-2）は何に見えるだろうか。実は、1976年、アメリカ航空

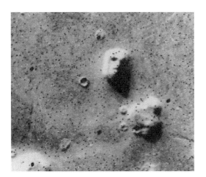

図3-2　火星探査機が撮影した火星の地形
（NASA のホームページ）

宇宙局（NASA）の火星探査機バイキング１号が撮影した人間の顔にそっくりの地形の写真である。これを「人面岩」と呼び、文明の痕跡ではないかという論争が続いたが、2006 年、欧州宇宙機関（ESA）が撮影したところただの自然の山だとわかったという。

　こうした現象は、**パレイドリア**（pareidolia）と呼ばれる。このように、我々は、外界の情報刺激をありのまま客観的に受け取っているのではない。生得的能力、複数の感覚情報や時間的空間的文脈、過去から現在までの学習や身体の経験などが蓄積した心的過程の影響を通して解釈し、世界を再構成して知覚しているのである。例えば、**ミュラー・リヤー**（Müller-Lyer）**の錯視**と呼ばれる有名な図がある（図3-3a と b）。これらは、同じ長さの線分なのに、違った長さに見える。

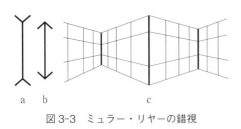

a　b　　　　　　c
図3-3　ミュラー・リヤーの錯視

　c を見る時、奥行きなどの空間的文脈を読み取って、同じ壁の一部だと認識する。我々は c の遠近法の表現をすでに学習しているため、遠方に位置する線分は、短く見えるはずだという

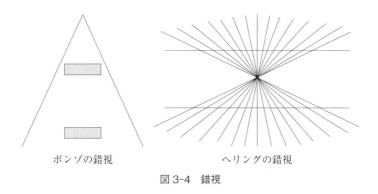

ポンゾの錯視　　　　　　　ヘリングの錯視

図 3-4　錯視

認識を持っている。こうして b の線分よりも a の線分の方が長く見えて知
覚してしまう。

　なお、遠近法は、15 世紀初頭のルネッサンス期に登場した絵画の表現手
法である。近代以前は、精神的な主題で描き分けられ、距離によって対象の
大きさが変わるということはなかった。近代以降、一点透視図法が用いられ
るようになり、世界を正面から等身大の目で見据えるようになった（佐藤ら,
1992）。このような奥行きの情報に左右されて生じる錯視に、Ponzo, M.〔ポ
ンゾ〕の錯視、Hering, E.〔ヘリング〕の錯視（図 3-4）が挙げられる。ポン
ゾの錯視は、上方がより遠くにあると解釈され、遠くにあるものは小さく見
えるはずという思い込みによって、上方の形が長く見えてしまう。ヘリング
の錯視では、1 点から放射状に出る線群に誘導されて、平行の線の中央が湾
曲して見える。

　日常において、地平線近くにある月は、天頂の
月に比べてはるかに大きく見える現象を経験する。
この現象を**月の錯視**と呼ぶ。月を写真に撮ると、
どの高さの月も等しく写ることから、心理的な効
果によるものである（今田ら, 1986）。また、中央が
白い円に向かって、白色のグラデーションをかけ
ると、円が輝いて見える錯覚現象もある（図 3-5）。

図 3-5　輝いて見える円

2）知覚の体制化

　環境から与えられる感覚情報のすべてをありのままに受け取って知覚しているのではなく、混乱することがないように、個々の対象要素をまとめた全体を先に捉える傾向がある。これを**知覚の体制化**と呼ぶ。知覚の体制化は、**群化**（grouping）とも呼び、1. 近接の要因（近いものがまとまる）、2. 類同の要因（大きさ、色、形など同じ性質のものがまとまる）、3. 閉合の要因（閉じるものは開かれたものよりもまとまる）、4. よい連続の要因（よい連続性は1つの流れとして知覚）、5. よい形の要因（対称的な図形や規則的な図形はまとまる）、6. 共通運命の要因（運命をともにするもの、ともに動くもの同士はまとまる）などの性質が挙げられる。このように、全体としてもっとも簡潔で秩序ある、よい形やシンプルでまとまりのある方向で知覚が生じることを**プレグナンツの法則**ともいう。

　このように、我々は環境から受ける様々な刺激を1つひとつ別々に知覚しているのではなく、1つのまとまった対象として知覚している。このようなまとまりのある構造体のことを**ゲシュタルト**（gestalt）と呼んでいる。例えば、絵描き歌では、要素が1つ加わっただけでも、以前の形とは全く異なった性質を持つ別の全体像が知覚される（図3-6、太田・行場, 2018, 6）。また、我々は、音楽を聴く時、1つひとつの音を聴き分けているのではなく、メロディという音のまとまりを聴取している。

　また、我々の知覚は、まとまりのある一部が周囲から浮かび上がったものを捉え、それ以外の周囲が背景となる特徴がある。このように何を図とみなし、何を地（背景）とみなすかが入れ替わる図形は**図地反転図形**といわれ、見た人にとって解釈が入れ替わる現象を**図地反転**（figure-ground reversal）**錯**

棒が1本あったとさ、葉っぱかな、葉っぱじゃないよ、カエルだよ、
カエルじゃないよ、アヒルだよ、アヒルじゃないよ、カッパだよ。

図3-6　絵描き歌

図 3-7　ルビンの杯

図 3-8　隠し絵 1

1905 年にニューヨークのガットマン ＆ ガット
マン社が制作したこのポストカードには、ひざ
まずく裸婦が描かれているが、もっと不気味な
ものがこの絵に潜んでいないだろうか？

図 3-8　隠し絵 2
(Gianni, S., 2014 / 2015, 35)

視と呼ぶ。ルビン（Rubin, E., 1921）が発表した**ルビンの杯**（図 3-7）という図
形が有名である。また、図地反転図形を利用したのが**隠し絵**である（図 3-8）。

3）恒　常　性

　遠方を歩いている人は我々の網膜像には小さく映っている。ところが我々
は遠方であっても近辺であっても、対象を同じ大きさとして捉えている（図
3-9）。このように対象から受ける情報を補正し、大きさ、形や色、明るさ、
音の大きさの知覚においても、いつも同じように安定して見える傾向がある。
これを**恒常性**と呼んでいる（図 3-9）。

　形の恒常性では、コインや茶筒の上端が、網膜上において楕円形に映って

図3-9　大きさの恒常性

いるが、我々はそれを円形だと知覚している現象が挙げられる。

　色の恒常性では、直射日光下の黒い紙の方が、暗い室内の白い紙より明るいはずであるが、物理的な照度に左右されず、黒い色を黒、白い色を白と知覚している現象が挙げられる。また、雪は曇天の日において、灰色をしていても、白く感じる知覚もこの具体例だといえる。

4）順　　応

　順応（adaptation）とは、同じ刺激を受け続けることで、感覚受容器の感受性が下がり、感覚が弱く感じられる現象のことをいう。風呂に入った直後は非常に熱いと思っても、湯にしばらく浸かっていると、次第に心地よい温度に感じられたりする。また、腕時計やイヤリングは常に身につけていると装着していることを忘れてしまう。また、外出先から帰宅した時、家の匂いを感じても、しばらく室内に滞在していると感じなくなってしまう。また、昼間に暗い映画館に入ると、最初は足元が見えず、階段につまずきそうになるが、次第に目が暗さに慣れてくる（暗順応）。反対に、暗い部屋のなかからいきなり、太陽光が降り注ぐ明るい庭に出るとまぶしくて何も見えないが、次第に明るさに慣れて見えるようになる（明順応）現象も挙げられる。このように、順応は、感覚器官の感度の低下など末梢で生じる現象のことを指すのであって、中枢神経系で生じる慣れ（habituation）とは区別される。

5）対比と同化

　対比（contrast）とは、ある知覚の特性が、周囲の状況または時間的にそれより前の刺激条件の影響を受けて、その差異が強調されることをいう。例えば**エビングハウスの錯視**で、中央円はどのように見えるか確かめてみよう（図 3-10）。

　また、背の高い女の人のなかにいる男の人は、同じく背の高い男の人のなかにいる時よりも小さく見える。また、左手を冷水、右手を温水にそれぞれ2分間入れた後、両手を室温と同じ温度の水に入れたところ、左手は温かく、右手は冷たく感じられる現象などが挙げられる。

　同化（assimilation）とは、ある知覚の特性が、周囲の状況または時間的にそれより前の刺激条件の影響を受けて、それと同方向へ変化し、一様になろうとする傾向が生じることをいう。同じ灰色の色紙に白い縞を入れると白っぽく見え、黒い縞を入れると黒っぽく見える。

6）知覚的補完

　知覚には、ないものを補ってまとまりのある構造体を作り上げる働きがある。これを**知覚的補完**（perceptional completion）と呼ぶ。有名な例にカニッツァ（Kanizsa, G., 1979）の**主観的輪郭**が挙げられる（図 3-11）。これは実際に白い三角形が見えるので、感覚的補完（modal completion）とも呼ばれる。

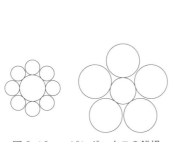

図 3-10　エビングハウスの錯視

図 3-11　カニッツァの主観的輪郭

7）運動知覚

　運動の知覚には、次の3つがある。①自動車のように動くものが運動として知覚される、②時計の針や星の移動のように、速度が遅いために知覚されない場合、逆に速過ぎて運動が感じられない場合、③実際は動いていないのに、動いたように感じられる場合があり、③を仮現運動と呼ぶ（今田ら, 1986）。

　仮現運動には、誘導運動、驚盤運動（stroboscopic movement）、運動残効、自動運動などがある（今田ら, 1986）。**誘導運動**とは、周囲にあるものが動いているために、静止したものが動いて見える現象のことである。例えば、夜間、薄い雲のかかった月が、雲とは逆方向に動いて見えることがある。隣の電車が動き始めると、自分の乗っている電車は止まっているはずなのに、動いているように感じたりする。**驚盤運動**とは、静止画像を適当な時間間隔で投影すると画像が動いて見える現象をいう。パラパラ漫画やアニメーションなど

図 3-12　蛇の回転（北岡明佳、2003 年制作、北岡, 2011）

図 3-13　滝（1961）

図 3-14　爬虫類（1943）

図 3-15　天国と地獄（1960）

はこの錯視を利用している。**運動残効**とは、一方向の運動を長時間見ていると、それに対する順応が生じ、順応後は静止しているものが、逆方向に運動して知覚される。例えば、滝が落ちる様子をしばらく見つめた直後、眼を他に移すと、景色が下から上に向かって動いて見える。また、静止画が動いて見える**フレーザー・ウィルコックス錯視**もある（図 3-12）。**自動運動**とは、暗闇のなかで、小さな光点をしばらく見つめていると、光点が色々な方向に揺れ動くように見える心的現象のことをいう。

　こうした知覚の特徴を生かした芸術的表現の可能性を追求した画家としてオランダの画家 Escher, M. C.〔エッシャー〕が挙げられる。図 3-13、3-14、3-15 の 3 つの作品は、いずれも平面に描かれているが、感覚や知覚の特性

を利用して、どのような世界が表現された作品なのかを考えてみよう。

3　知覚による体験様式を通して心の状態を理解する方法を学ぶ

　ロールシャッハ・テスト（Rorschach, H. によって開発）は、パレイドリアの原理を応用し、知覚による体験様式を通して個々人の心の状態を理解する心理テスト法である。ロールシャッハ・テストは、インクの染みを垂らして作った10枚の図版からなる。5枚は色つきだが、他の図版には色がない。テスト結果に影響があるため、図版の公表はなされていない。施行方法は、自由反応段階、質問段階、限界吟味段階の3段階がある。検査者は、この図版を1枚ずつ、被検者に手渡して、その図版が「何に見えるか」を尋ね、自由反応段階で、図版を見て思いついたことを答えてもらう。次に、質問段階で、今度は「（被検者が図版の）どこを、どのように見えたのか」を尋ねることで、その人が図版の染みについてどのように知覚したのか、そのプロセスを追体験しながらその人の内面を探るのである。その回答の仕方を通してその人の心の状態を査定する方法である。例えば、このテストに類似したインクの染みの図版例を提示する（図3-16）。

　この図版を、ある人が、「牛の顔」に見えたとする。質問段階で、その知覚の体験様式を尋ねたところ、「ここが目と口に見えて……口を尖らせて威嚇している……」といった回答が得られる場合がある。反応の領域、形や色、動き、触感などを根拠にして反応したのかどうかの決定因子、何を見たのか

の反応内容、形態水準を分析していく。そして、その人が適切に自分自身や周囲の現実を把握する力があるのか、情動表現の適切さ、内向か外向か、共感性、欲求や衝動の統制、精神活動の活発さ、社会性、独創性、対人関係のあり方、病的体験の有無などその人の心の特徴が理解できるようになる。

図3-16　ロールシャッハ・テストの参考例

ロールシャッハ・テストの10枚の図版は、あいまいで多種多様な刺激が溢れるこの現実世界に相当する。これらのテストを行うと、たとえ、訴えが同じであっても、皆、全く異なる知覚を体験していることに気づかされる。このことは、同じ親のもとで育ち、同じ環境に身を置いていた人々でも、その受け止めは1人ひとり全く違うことを示している。多種多様な知覚を介して構成されるその人の心的経験は、その人しか表現できないものである。我々は、自分の物差しだけを用いて、相手を推し量り、否定し、批判することは望ましくない。誰もがその人しかわからない、独自の知覚による内的世界を持っていること、それを基盤として、人々や様々な対象が関わり合う外的世界に立ち向かい、生きようとしている事実を大切にしていきたいものである。

■引用・参考文献

Bexton, W. H., Heron, W. & Scotto, T. H., (1954). Effects of Decreased Variation in the Sensory Environment. *Canadian Journal of Psychology*, 8, 70-76.

藤永保・仲真紀子（監修）（2005）. 心理学辞典. 丸善.

Gianni, S. (2014). *Hidden Picture Puzzles*. Charlesbridge Publishing, Inc. 北川玲（訳）（2015）. 謎解き錯視傑作135選. 創元社.

服部雅史・小島治幸・北神慎司（2015）. 基礎から学ぶ認知心理学. 有斐閣.

今田寛・宮田洋・賀集寛（1986）. 心理学の基礎. 培風館.

Kanizsa, G.（1979）. *Organization in Vision: Essays on Gestalt Perception.* Praeger Publishers.

北岡明佳（2011）. 知覚心理学. ミネルヴァ書房.

道又爾ら（2003）. 認知心理学. 有斐閣.

Müller, J.（1841）. Handbuch der Physiologie des Menschen. Band 1, 2, Hölscher.

Nasa science（2001）. Unmasking the Face on Mars.
https://science.nasa.gov/science-news/science-at-nasa/2001/ast24may_1（2019 年 5 月 11 日取得）

Neisser, U.（1967）*Cognitive Psychology.* Appleton-Century-Crofts.

太田信夫・行場次朗（2018）. 感覚・知覚心理学. 北大路書房.

大山正・藤永保・吉田正昭（1978）. 心理学小辞典. 有斐閣.

Rubin, E.（1921）. *Visuell Wahrgenommen Figuren.* Copenhagen: Glydendalske.

佐藤忠良ら（1992）. 遠近法の精神史—人間の眼は空間をどうとらえてきたか—. 平凡社.

杉原厚吉（2012）. 錯視図鑑. 新光社.

Vernon, J. A.（1966）. *Inside the Black Room.* New York: Pelican Books. 大熊輝雄（訳）（1969）. 暗室のなかの世界. みすず書房.

第4章

人を行動に駆り立てるもの（感情）

1. 感情とは何か
2. 感情が喚起されるメカニズムを学ぶ
3. 感情が行動に及ぼす影響を考える

1　感情とは何か

「信濃なる、千曲の川の、細石も、君し踏みてば、玉と拾はむ」

（万葉集第 14 巻　作者不明）

　我々は、日頃、喜び、怒り、哀しみ、楽しみ、恐怖し、混乱や不安を抱き、そこから希望を持って立ち向かうなど様々な感情を体験する。これらの感情は、日常生活における物事、出来事に様々な彩りを与え、我々の態度や行動を引き起こす原動力になる。上記の短歌は、「信濃にある千曲川の小石だって、あなたが踏んだ石なら玉として拾いましょう」と訳されるが、「川辺のとるに足らない石でさえも、恋愛感情を抱いている女性にとっては、宝石の輝きを宿している」という意味である。このように感情が喚起されることによって、とるに足らない石が宝石へと変化してしまう。感情は、物質そのものの価値や意味を変化させる力がある。また、好印象を持った教師が教える科目を好きになった。そして、一生懸命勉強をした結果、その科目の成績が上がったという経験もあるだろう。スポーツの試合で負けた悔しさを胸に秘めて、努力を重ねた結果、大規模な大会で優勝を果たした経験もあるだろう。感情がその人の態度や行動を変えていく動機づけとなる。

このように感情は意味、価値、行動を変化させる強烈なパワーを持つために、人間は、時によって、取り返しのつかない破壊的かつ暴力的な事態を引き起こしている。国や民族同士が、街を破壊し、相手を殺し合う戦争を何度も繰り返してきた。また、夫が妻に暴力を振るい、親が子どもを虐待してしまう事件も増加している。ストーカーは、かつて恋愛感情を抱いていた相手に対して、激しい憎悪や攻撃感情をぶつけて、相手を苦しめようとする。また、我々は、自分にない能力を持つライバルに対して嫉妬をし、自己嫌悪に陥ることもあろう。昨今は、インターネットにおいて、匿名で掲示板に誹謗中傷の書き込みをしたり、SNS（ソーシャル・ネットワーキング・サービス）において、特定の内容に対して**炎上**＊騒ぎを引き起こしたりする。このように考えると、我々は日々、感情によって突き動かされていることがわかる。こうした感情に対して適切なコントロールができなければ、社会生活や人間関係において不具合が生じるであろう。

　今後、我々の社会では様々な分野で AI（Artificial intelligence, 人工知能）が搭載されたロボットが導入されて、対人場面においても一定の役割を担うことになろう。ところが現時点で、人間が、AI が搭載されたロボットと大きく違うのは、感情を持っている点にある。ここでは、こうした人間を人間らしい行動に駆り立てる感情について、その概念、メカニズム、日常生活行動への影響について考えてみよう。

1）感情の概念

　感情（affect, feeling）は、研究者によって様々な定義がなされている。そのうち、Ortony, A.〔オートニー〕et al.（1988）は、感情とは、「人間が心的過程における様々な情報処理のうちで、人間、物、出来事、環境について行なう評価的な反応である」と述べる。つまり、対象について、良いか悪いか、好きか嫌いかなどの評価する時に人間に生じる状態の総体と考えられる（大平, 2010）。感情を記述する用語として、情動（情緒）、気分、情操、情熱などが挙げられる。**情動**（emotion）の語源はラテン語の emovere であり、かきまぜる、興奮させる、動かす（motion）という意味がある。情動は明らかな

原因があり、典型的には短時間で一過性の心的状態で、生理的反応や特定の表出行動を生じるような強烈な感情のことを指す。生活体を行動に駆り立てる**動機づけ**＊機能があることも特徴である。**気分**（mood）とは、明らかな原因がなく、数日から数週間単位で持続する弱い感情のことである。生理的反応が強く生じることはないが、性格や気質との関係が強い。数カ月から数年という長い経過で持続する場合は、人格特性（personality trait）と呼ばれる（濱ら，2001）。**情操**（sentiment）は、美しく、優れたものに接して抱く、道徳、芸術、宗教など文化的や社会的価値を備えた高次で、情感豊かな感情のことを指す。**情熱**（passion）とは、持続的で激しく燃え立つ感情のことで、熱情や激情とも呼ぶ。このように感情には多様な側面を持っている。

2）感情の位相

　感情はもともと複雑であいまいな現象であり、主観的、個別的である。また、生体に適応行動を準備させる生物学的、生理的な反応である一方、人間関係においてコミュニケーションや関係維持に役立つ社会的なものでもある。感情には、内外の環境刺激に対する認知的評価、感情状態、感情体験、感情表出の４つの位相がある（濱ら，2001）。

　まず、感情は外からの刺激だけではなく、かつての感情体験の内的な想起によっても引き起こされる。こうした内外から生体に与えられる感覚入力に

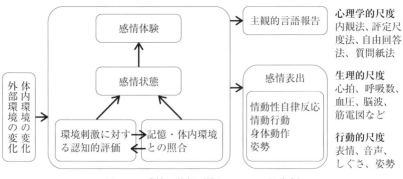

図 4-1　感情の位相（濱ら, 2001, 一部改変）

対する**認知的評価**が、様々な感情状態を喚起する。**感情状態**は、「ある刺激、ある状況の認知に対して生じる、身体的あるいは神経生理学的活動の特定の変化」と定義される（Lewis, M., 1993）。**感情体験**とは、主観的に体験される感情成分のことである。**感情表出**とは、感情状態の顕在化であり、感情体験を他の個体に向けて伝達を行うことができる。感情は攻撃、防禦の行動、表情、姿勢、音声、ジェスチャーに見られる情動行動、心拍、呼吸、血圧、瞳孔反応や立毛などの自律神経系の変化として現れる。しかし、人間は社会性があるため、感情表出は、ごまかし、隠蔽、自己制御といった防衛、文化や社会に固有な経験や道徳観念に従い、表出の方法を変える**表示規則**＊（display rules）が働いている（図 4-1、濱ら, 2001）。

2　感情喚起のメカニズム

　感情はそもそもどのような身体的、心理的、社会的な要因やメカニズムによって、感情が引き起こされるのかを考えてみよう。これらの研究にはJames, W.〔ジェームズ〕らの末梢起源説、Cannon, W. B.〔キャノン〕らの中枢起源説、Darwin, C.〔ダーウィン〕らの進化論、Russell, J.〔ラッセル〕らの次元説、Schachter, S., & Singer, W. B.〔シャクターとシンガー〕やArnold, M. B.〔アーノルド〕らの認知論、Averill, J. R.〔エイブリル〕らの

社会構成主義説、Freud, S.〔フロイト〕らの精神力動論などが挙げられる。そこで感情の神経心理学的機序を明らかにし、7つの立場を紹介する。

1）神経生理学的機序

　感情は、様々な身体的生理的変化を伴う。キャノン（1927）は、外界からの刺激が情動的な性質を持っているかどうかは、当初、**視床**（thalamus）が判断していると考えた。その後の研究で、皮質と連絡を持つ複数の皮質下領域である**大脳辺縁系**（limbic system）が感情と内臓機能の調整に関与する機能系であることが明らかとなった。それらには、**海馬**（hippocampus）、視床下部（hypothalamus）、扁桃体（amygdala）、帯状回前部（anterior cingulate cortex）、側坐核（nucleus accumbens）、前頭葉眼窩部（orbitofrontal cortex）、前頭前野腹内側部などが挙げられる（図4-2）。MacLean, P. D.〔マクリーン〕（1954）は、海馬、扁桃体を含んだ領域が感情発生の中枢と考え、これらからの出力が視床下部を介して、情動体験と自律神経系の反応を発生させると主張した。

　このうち**扁桃体**は、感情中枢として特に重要である。視床下部、中脳や海馬にも神経連絡を持ち、高次の大脳皮質の処理を省略して、視床から直接受ける神経連絡がある。Le Doux, J. E.〔ル・ドゥックス〕（1987）は、視床から扁桃体への直接的な神経回路である**低次経路**（low-road）と、視床から大脳皮質を介して扁桃体へ至る神経回路である**高次経路**（high-road）の2経路があると指摘している（**感情の2経路説**、図4-3）。低次回路においては、意識せ

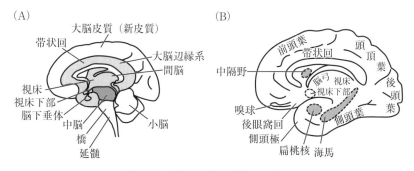

図4-2　感情の中枢（伊藤, 1982）

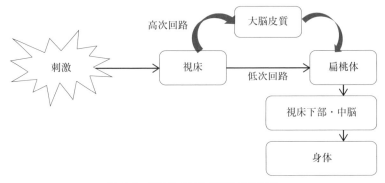

図4-3　扁桃体の低次回路と高次回路

ずに、無意識的な感情の評価が可能なのである。こうした扁桃体には、危険に曝された際に、恐怖の感情を知覚し、即座に回避行動がとれるようにする働きがある。Klüver, H., & Bucy, P. C.〔クリューバーとビューシー〕(1939)がアカゲザルについて、扁桃体を含む両側側頭葉除去を行ったところ、恐怖や攻撃反応に劇的な低下が見られた。扁桃体の損傷によって恐怖感情の認知や表出が失われる症状を**クリューバー＝ビューシー症候群**と呼んだ。

　また、**視床下部**は、視床の下、間脳に位置する。自律神経系の働きの調整を担う部位で、生理的反応に深く関与する。**帯状回前部**は、交感神経系に関与し、生体を活性化させ、注意を喚起させる。**側坐核**は、扁桃体からの投射を受け、快感情に関わる脳部位として知られている（梅田, 2016）。**前頭葉眼窩部**は、前頭前野のなかで唯一、扁桃体と直接的で密接な神経回路を持ち、感情に深く関わる。扁桃体が感情的刺激を速やかに検出するのに対して、刺激とそれに対する行動、行動の結果の良し悪しとの関係を評価し、その評価に基づいて、行動を長期的に制御する機能があるといわれる（Rolls, E. T., 2000）。1848年、アメリカの鉄道会社の建設主任であった**Gage, P. P.〔ゲージ〕**は、建設作業中の爆発事故に巻き込まれて、鉄材が顔、頭蓋、脳（左前頭葉の大部分）を貫く大けがを負った。一命を取り留め、知能は正常に保たれていたが、事故後に人格が変容した。事故以前は責任感があり、聡明で協調性を具え、友人や同僚からも非常に好かれていたが、事故後は将来の行動計

画を立てたり、課題に失敗した後での行動の修正が難しく、不敬な態度で、他者との人間関係の維持が困難となった。

　また、**前頭前野腹内側部**は、過去の経験や文脈に基づいて感情の評価を行う、扁桃体の活動を調整する機能がある。感情喚起刺激は、扁桃体で検出され、前頭前野腹内側部で修飾を受けて感情の強度が決定される。こうして引き起こされた感情は、身体反応を引き起こすが、大脳皮質の**体性感覚領野**（sensory area）や、**島皮質**（insula）でそれらの身体に起こっていることが知覚され、感情経験が生じる。さらに、前頭前野腹内側部に身体反応の信号が伝えられて、意思決定に影響を及ぼす。Damasio, A. R.〔ダマシオ〕は、前頭前野腹内側部を損傷した患者を分析した結果、知能検査は好成績を挙げながら、適切な意思決定ができないことを発見した。そこから、ある状況に直面した時、感情喚起に伴って自動的に生じた身体反応の信号（ソマティック・マーカー）は、対象の価値（有利か不利か）を反映しており、意思決定や推論に大きな影響力があると考える**ソマティック・マーカー**（somatic maker, **身体信号**）**仮説**（Damasio, A. R., 1994）を提案した。

　感情喚起によって生じる生理的反応は、**自律神経系**の働きに基づく。自律神経系は交感神経系と副交感神経系から成り立っている。交感神経系と副交感神経系は拮抗的に働き、一方が興奮している時、一方は抑制的に働く。これによって各器官の働きが調節される（表4-1）。

　緊急事態に置かれると、**交感神経系**が興奮し、**闘争-逃走反応**（fight-or-fight response）を引き起こす。その反応は、**交感神経系-副腎髄質軸**（Sympathetic-Adrenal-Medullary axis, SAM 軸）と**視床下部-下垂体-副腎皮質軸**（Hypothalamic-Pituitary-Adrenal axis, HPA 軸）の2つの活動の連鎖によって説明される。交感神経系-副腎髄質軸では、交感神経系の興奮によって副

表4-1　自律神経系の働き

	交感神経	副交感神経
心拍	心拍増	心拍減
血管	収縮	弛緩
血圧	上昇	下降
気管支	拡張	収縮
消化管	運動抑制	運動促進
瞳孔	拡大	収縮
膀胱	尿意の抑制	尿意の促進
皮膚血管	収縮	拡張
汗腺	分泌	抑制
毛嚢	直立	弛緩

腎髄質が刺激され、アドレナリン、ノルアドレナリンの血中への放出が促進する。視床下部-下垂体-副腎皮質軸では、感情喚起の刺激が視床下部に伝えられると、視床下部から下垂体に向けて副腎皮質刺激ホルモン放出因子（CRF）が放出され、下垂体前葉から分泌された副腎皮質刺激ホルモン（ACTH）によって副腎皮質が活性化され、コルチゾールが分泌される。コルチゾールは、脂肪や炭水化物のエネルギーへの変換を促進する。その結果、血糖値が上昇し、骨格筋肉系や神経系の活動が強化される。コルチゾールはまた、末梢血管を収縮させ、胸腺やリンパ節を委縮させ、免疫細胞の働きを抑制する。

副交感神経系は、内臓を支配する神経であり、神経伝達物質としてアセチルコリンを分泌する。リラックスしている時、休息や睡眠の時に優位に働く。交感神経系はエネルギー消費を促進するが、副交感神経は内臓機能、消化機能を促進してエネルギーを貯蔵するように促す。

2）ジェームズ＝ランゲ説（末梢起源説）

アメリカの心理学者ジェームズが提唱した古典的理論で、例えば、「悲しいから泣く」のでなく、身体的反応が先行し、「泣くから悲しい」と考える。熊を見ると、まず逃げるという身体的反応が起こり、この反応が、恐れの感情を引き起こす。デンマークの Lange, C.〔ランゲ〕は、この身体的変化に自律神経系の覚醒を加えた。自律神経系による身体的生理的反応（流涙、心拍上昇、呼吸促迫等）が感情体験を引き起こすという考え方である。

3）キャノン＝バード説（中枢起源説）

「悲しいから泣く」と考える理論である。キャノン（1915）は、自律神経系による生理的変化には時間を要するとして、それらの末梢神経反応以前に感情が生起していると考えた。そして感情表出には中枢神経系の視床下部が賦活される役割が大きいと考え、中枢起源説を提起した。キャノン（1927）は、感情が、感覚受容器からの情報に基づき、大脳皮質から視床に加えられた抑制の解放現象であると述べる。感覚受容器からの情報は、大脳皮質に伝達される。刺激が十分強い場合、大脳皮質による視床に対する抑制が解除される

と、視床の興奮が生じる。それが遠心的に視床から視床下部を経由して、自律神経系に伝えられ、様々な身体的生理的反応が生じる。求心的には、大脳皮質に到達して、情動体験が引き起こされる。出刃包丁を見ると同時に怖いという感情を認知し、そこから生理的反応が生じると考える。

4）進　化　論

ダーウィンは、1872年、『人及び動物の表情について』を著わし、人間と動物の表情には近似性があり、そこに進化的な連続性があると主張した。この考えは、やがて、新ダーウィン主義者 Tomkins, S.〔トムキンズ〕、Ekman, P.〔エクマン〕、Plutchik, R.〔プルチック〕によって、感情は、動物の自己保存や種の保存に有益だったので、進化の過程を経て持続し、洗練されてきたという考えに発展した。

トムキンは、顔面の表情筋は、感情の種類によって分化しており、現在の表情の特徴を素早く脳にフィードバックすることによって、それに応じた感情を喚起する**顔面（表情）フィードバック仮説**を考えた。これはジェームズ＝ランゲ説に近い。エクマンは、感情は、生活体が生存するうえで、適応的な価値の高いものが進化し、遺伝的に組み込まれたものであると考えた。感情には少なくとも6つの**基本感情***があると考え、恐れ（fear）、驚き（surprise）、怒り（anger）、嫌悪（disgust）、悲しみ（sad）、喜び（happy）を挙げた。最近、嫌悪の代わりに軽蔑（contempt）を挙げている。これらの感情は、通文化的な普遍性がある。プルチックは、**感情の立体構造モデル**を作成し、心理進化説を唱えた。感情反応は、動物にとって生命維持、種族保存に必要な基本的、原型的行動パターンであると考えた。感情はすべての動物（細菌や微生物を含む）に存在し、表情、生理反応といった全身的反応として表出される。感情の適応的機能を明らかにしていくことが感情の基本を理解するうえで有効であると考えた（濱ら, 2001）。

5）次　元　説

Russell, J. A.〔ラッセル〕（1980）は、すべての感情は、快（pleasure）と不

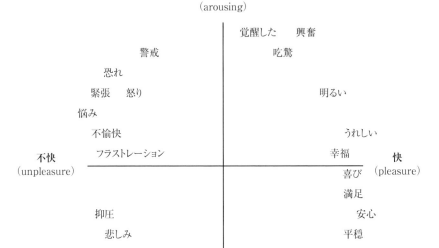

図 4-4　ラッセル（1980）の円環モデル

快（unpleasure）の軸と、覚醒（arousing）と眠気（sleepy）の軸の 2 次元上で表される平面上に円環状に並んで配置されるという円環モデル（circumplex model）を提唱した。この円環モデルは、幸福や喜びといった類義語は近接した位置に配され、幸福とフラストレーションのような反意語は円環上で対立した場所に配置される。各感情は、2 次元の座標軸上のベクトルの方向と大きさとして表示され、各感情間の方向の差は相関係数を表わしている（図4-4）。

6）感情の 2 要因説と感情の認知的評価説

　シャクターとシンガーはジェームズ＝ランゲ説を批判して、認知覚醒理論に基づく**感情の 2 要因説**を提唱した。感情は、**生理的覚醒**（physiological arousal）が生じた後に、その覚醒状態に応じた認知や評価（意味づけ、ラベリ

ング）によって生起するという考えである。また、これを証明する実験とし
て、Schachter, S., & Singer, W. B.〔シャクターとシンガー〕(1962) の実験
が挙げられる。シャクターとシンガーは、エピネフリン（生理的喚起を生じさ
せる薬物）を用いた実験を行った。被験者は次の 3 群に分けられた。第 1 群は、
エピネフリンが生理的興奮状態を生じさせる働きを持った薬だと伝えられた。
第 2 群の被験者は、注射について何の情報も与えられなかった。第 3 群の被
験者は、無感覚、しびれ、痒みを感じるという、誤った情報を与えられた。
注射を受けた被験者は、別室に案内され、そこで「多弁で愉快な多幸症」あ
るいは「怒り」の役割を演じるサクラと一緒にさせられた。その結果、第 1
群は、サクラの気分に左右されることはなかった。第 2 群と第 3 群はサクラ
の気分を模倣した。怒っているサクラのそばでは怒りを感じ、楽しそうなサ
クラのそばでは楽しくなったのである。つまり、第 1 群は、生理的喚起は注
射によるものだと正しく認識できた。第 2 群は、自分自身の情動だと認知
（内部帰属）した。第 3 群は、サクラを見回して、その外部の手がかりによる
ものだと認知（外部帰属）したのである。このように、どのような感情を持
つかは、出来事や状況をどう認知、評価するかにかかっていると考えるので
ある。

　Arnold, M. B.〔アーノルド〕(1960) は、状況や出来事によって感覚器官に
刺激が入ってくると、まず、対象に対する認知や評価（良い・悪い）が先行し、
その評価によって、接近や回避などの行動傾向が生じると考えた。その結果
として感情が喚起される。感情喚起よりも認知や評価が先行しているという
点で**感情の認知的評価説**と呼ばれる。Lazarus, R.〔ラザルス〕も、認知や評
価を重視する説を提唱している。

　こうした感情の認知的評価説に対して、Zajonc, R. B.〔ザイアンス〕は、
感情喚起と認知や評価は独立していると考えている。その根拠として**単純接
触効果**（mere exposure effect）を挙げる。単純接触効果とは、初めて接する新
奇な対象に繰り返し触れると、その対象への好意度が増すという現象である。
ザイアンス (1968) は、アメリカ人を対象として、トルコ語または顔写真を
刺激として繰り返し見せて、その好意度を判断させた。すると接触頻度の高

い刺激ほど好意度判断の値が増加した。この結果では、刺激が意識されなくても生じていることから、刺激に対する認知や評価は、感情体験に必要ではないと考えた。これは感情喚起に認知や評価を重視する感情認知説と対立するため、1980年代、ラザルス–ザイアンス論争を引き起こした。ザイアンスが、快–不快、好き–嫌いなどの比較的未分化な事象についても感情と定義しているのに対して、ラザルスはザイアンスのような基本的事象の価値づけを1次評価（primary appraisal）と呼んだ。そして、1次的評価の結果、それをどう克服・対処できるかの2次的評価を含めた評価過程を感情と考えた。両者の感情と認知という言葉の定義に違いがあることが原因でこうした論争が生じている（濱ら, 2001）。

7）社会構成主義説

社会構成主義は、1970年代の認知学派から発展し、状況の評価や解釈を重視する。感情は、生理学的、系統発生的な機序は説明できず、エクマンやプルチックらの基本感情説と対立する。Averill, J. R.〔エブリル〕（1980）は、感情を社会的構築物とみなし、文化的な価値体系との関連によって、生み出されると考えた。感情語や感情体験も文化によって多様であり、感情は個々の文化に限定される社会的役割を持っている。個々の文化における固有の思考、経験、感情表出法に基づいて獲得され、出来事や状況に対する認知や評価、人間関係のあり方、社会規範などによって形成されると考える。

8）精神力動論

フロイトは、性愛リビドーと呼ばれる、快や充足を求める内界のエネルギーが、自我、外界における現実原則、超自我の理想、規則や倫理観との間で葛藤を起こし、その人の行動、性格や人間関係、様々な精神疾患に影響を与えていると考えた。こうした無意識から湧き上がる不安、葛藤、愛情や敵意などの感情の影響から身を守るために、自我は、様々な**自我防衛機制**を発動する。我々がもっとも日常的に用いる防衛機制は、不安、葛藤や苦痛をもたらす欲求や感情を意識から閉め出し、忘れてしまう**抑圧**である（表4-2）。

表 4-2　主な自我防衛機制（森谷・竹松, 1996, 一部改変）

種類	内容
抑圧	苦痛な感情、記憶を意識から閉め出す
逃避	空想、病気、現実、内界へ逃げ込む
退行	子どもがえり
置き換え	代理満足、欲求の阻止によって要求水準を下げる
転換	葛藤や不満を身体症状に置き換える
昇華	社会的に有用な方向へ置き換える
反動形成	本心と裏腹なことをする
打ち消し	不安や罪悪感を別の行動や考えで打ち消す
隔離	思考と感情、感情と行動が切り離される
同一化	相手を取り入れて、自分と同一と思う
投影	相手への欲求や感情を、相手が自分に向けていると思う
合理化	責任転嫁
知性化	感情や欲求を意識化しないで、知的な考えで統制する
解離	人格の統合が分離する

　また、こうした防衛機制が適応的に機能しない場合、無意識の不安や葛藤は身体症状、精神症状、問題行動として表出されることもある。

3　感情が行動に及ぼす影響

　ここでは、感情の深層心理学的な意義やその影響について考えていく。我々は自分で考え、自分で選び、自分の意志で行動していると考えている。ところが、必ずしもそうはいえない時がある。あまり受けたくない試験の当日、寝坊してしまい、遅刻してしまった。講義のレポートの提出日をうっかり間違えていて、提出し忘れた。父親との関係が険悪な時、アルバイト先の男性上司と接すると妙にイライラして、計算を間違い、店に損害を与えたなどである。こうした一見、偶然の失敗に思える**しくじり行為**が生じる理由について、フロイトは、無意識の概念を用いて説明した。人間の心は、自我による主体的な意志だけで営まれているのではなく、背後に広大な無意識の領域があり、そこに渦巻く様々な感情の影響を受ける。時には自我の統制を越

えて、無意識にある感情がその人を思いがけない行動に駆り立てる。

　精神科医の Jung, C. G.〔ユング〕は、精神病で入院した若い婦人の事例を挙げている。婦人は、結婚前に1人の金持ちの実業家の男性を知っていた。婦人は彼に関心を持っていたが、彼は婦人に無関心であったため、その婦人は別の男性と結婚した。5年後1人の旧友がその婦人を訪ね、昔の話を語り合った。旧友はその婦人に、かつての実業家の男性が、婦人の結婚を聞いて落胆していたと伝えたのだ。その時からその婦人の抑うつ症状が始まった。数週間後、その婦人は自分の子どもを風呂に入れている時、4歳の娘や2歳の息子が汚れた水を口に入れているのを止めなかった。その結果、彼女のお気に入りの娘は腸チフスで亡くなった。こうして婦人の抑うつ症状は悪化し、入院に至ったのであった。ユングは、この婦人が子どもたちに対して無意識的に行った殺人行為について、この婦人と話し合わなければならないと感じた。ユングはその婦人にあらゆる事柄を告げた。その2週間後、婦人は退院した。このように精神病の背景に、その人の感情に彩られた秘密の物語が隠されていた（Jung, C. G., & Jaffé, A., 1963 / 1972）。

　ユングは、1906年、**言語連想実験**の研究を通して、無意識内に存在して、何らかの感情によって結合されている心的内容の集まりが、意識の制御を越えて活動する現象を観察し、このような心的内容の集合体を、**感情によって色づけられた複合体**（feeling-toned complex）と名づけた。これは後に、簡単にコンプレックスと呼ばれるようになった。なお、我々はよくコンプレックスを劣等感と結びつけて考えることが多いが、コンプレックスは劣等感だけではない。また、「～について劣等である」と自覚している場合はコンプレックスにはならない。つまり、劣等性の認識によって、人格の尊厳性や自我の安定性が揺らいでいないからである。ここでいうコンプレックスには心的外傷などの核があって、様々な感情が絡み合って成り立っている。我々は、様々な種類のコンプレックスを抱えているものである。例えば容姿についてのコンプレックスには、「もう少し容姿がよければ……」という劣等感だけではなく、「他の人より容姿がよいはずだ」という優越感が混在している。さらに容姿をからかった異性の友人の思い出、容姿を自慢する同性の友人や

容姿のよさを世渡りの武器と考える親との関係など様々な感情体験が絡み合っている。

　こうしたコンプレックスは、それ自身に自律性があり、自我のコントロールに従わないで、実生活上で様々な不具合が生じる。先ほどの事例でいえば、かつて好きだった実業家の男性も自分を好いていたことの可能性を知った時の衝撃と喪失感、現在の結婚生活への落胆と憂うつ、子どもの存在を否定したい気持ち、過去に男性に向けていた思慕など、婦人の自我では受け止め切れないほどの感情が心のなかで怒濤のように渦巻いたに違いない。そしてこ

事例：コンプレックスと自己実現

　ある女性が、１人娘の問題行動をきっかけにカウンセリングに来談した。女性は教育熱心で、どのような学習や習い事をさせても成果の出ない娘に苛立ち、手を上げる、傷つける言葉を発するなどの態度をとるようになっていた。カウンセラーは女性の娘についての悩みを聴いていたが、当初、娘についての話題と女性自身の感情や出来事が混在していると感じられた。

　面接が進むにつれ、女性は、兄弟の方が優秀だったため、自分が大学進学を両親に反対された思い出を語った。そして、娘の教育に熱中した理由が、自分が大学へ行けなかった劣等感の裏返しであること、そうした学歴コンプレックスが刺激されるために、娘に対して苛立っていたことに気づき始めた。やがて、女性は印象深い夢を見た。それは、「広い道を隔てて、娘と向かい合う」という内容であった。この夢は女性にとって深い次元から、娘と自分は違う存在だと認識できる体験となった。こうして娘への過干渉や苛立ちは、次第に消えていった。そして、娘は学習や習い事において、成果が出せるようになり、母子関係も穏やかになっていった。

　その後、女性は娘に投影することで抑圧してきたコンプレックスと向き合い、受け入れていかなければならなかった。そして、両親や兄弟、夫や娘との関係を振り返り、自分自身の劣等性と向き合う苦悩を伴うカウンセリングのプロセスが続いた。最終的に、女性は自分自身の本当に求める道を見つけていった。

の耐えがたい感情を無意識内に抑圧して、母親や妻として結婚生活を維持しようとした。ところが、その自我の働きを凌駕して、コンプレックスが、子どもの健康を無視するような行動へと駆り立てた。このように、コンプレックスは、自我の統合性を乱し、様々な精神症状や問題を生じさせるのである。

このようにコンプレックスは、自我の統制外であるので、コンプレックスによって引き起こされる問題は、「まったく思いがけず」「何かに取りつかれた」としか考えられない性質を持つ（河合, 1967）。ユングは、こうしたコンプレックスを、単に無意識の心的内容が抑圧された問題行動につながる個人の経験という意味だけで捉えたのではない。コンプレックスは、自我意識から見れば、苦痛で否定的性質を持っているが、自我がその安定性を崩してでも、努力して取り入れるべき心的内容でもある。先ほどのユングの事例でいえば、精神病で入院した若い女性は、現在の夫との結婚生活がいかに本人の本心の裏切りのうえに成り立っていたのかについて気づかなければならなかった。そして、実業家の男性に対する恋愛、落胆、怒り、悲しみなどのコンプレックスと向き合い、恋愛を諦めて現在の結婚生活を受け入れていくか、あるいは再度、実業家の男性との恋愛を成就するために離婚を決断するか、どちらかのための内的作業が必要であった。コンプレックスとの対決は、このように自我がより高次な統合性（まとまり）、つまり、様々な感情を抱えても安定していられる器を持った自我へと志向するために必要な過程である。この婦人の場合、結果的に娘を亡くしていたので、心の秘密と向き合うことが容易ではなかったのであろう。そして、治療者として、ユングも同時に、彼女が殺人犯であったという深刻な心的事実と向き合わなければならなかった。このようにコンプレックスの解消は、本人だけではなく、そこに関わる人々にもコンプレックスについて知るのではなく、コンプレックスを生きるという実際的な努力を必要とするのである（河合, 1967）。

このようにユングは、個人の無意識に内在するコンプレックスの可能性を自我が取り入れ、自我を高次の全体性へと志向せしめる努力の過程を**個性化過程**（individuation process）あるいは**自己実現**（self-realization）の過程と呼び、人生の究極の目的と考えた（河合, 1967）。我々がコンプレックスと向き合え

ない時、2-8)で述べたような様々な自我防衛機制によって、コンプレックスを自我の体系外に排除している。SNSや掲示板などで、「人間は皆、お金に汚いものですよ」と主張する人ほど、お金に汚い態度をとるものである。こうした一般的な呼称を使い、匿名であることで、自分がその一員に入っていないのである。自分のコンプレックスなのに、他人に**投影**して、自我の安全を図っているだけである。したがって、我々は、人間関係におけるトラブル、あるいは思いがけない問題に直面した時、他者を責めたり、批判したり、攻撃するだけでは解決にならないであろう。自分の心を見つめ、投影していた心的内容を自分に**引き戻す**ことである。それは、自我から排除してきた感情と向き合っていく、苦痛を伴う過程になるであろう。だが、こうした努力によって、問題解決の糸口や建設的な方向性が見出され、我々の自我はより高次の安定性へと高められ、心を成長させることになるのである。

■引用・参考文献

Arnold, M. B. (1960). *Emotions and Personality*. Vol.1/2. Columbia University Press.

Averill, J. R. (1980). A Constructive View of Emotion. In Plutchik, R., & Kellerman, H. (Eds.), *Emotion: Theory, Research, and Experience*. Vol.1. *Theories of Emotion*. New York: Academic Press. 305-339.

Cannon, W. B. (1915). *Bodily Changes in Pain, Hunger, Fear and Rage* (2nd ed., 1929). New York: Appleton-Century.

Cannon, W. B. (1927). The James-Lange Theory of Emotions: A Critical Examination and an Alternative Theory. *American Journal of Psychology, 39*, 106-124.

Damasio, A. R. (1994). *Descartes' Error: Emotion, Reason, and the Human Brain*. New York: Putnam Publishing.

濱治世・鈴木直人・濱保久 (2001). 感情心理学への招待. サイエンス社.

今田寛・宮田洋・賀集寛 (1986). 心理学の基礎. 培風館.

伊藤薫 (1982). 脳と神経系の生物学 (改訂版). 培風館.

Jung, C. G., & Jaffé A. (1963). *Memories, Dreams, Reflections*. New York: Pantheon Books. 河合隼雄・藤縄昭・出井淑子 (共訳) (1972). ユング自伝 1. みすず書房.

河合隼雄 (1967). ユング心理学入門. 培風館.

河合隼雄 (1971). コンプレックス. 岩波書店.

Klüver, H., & Bucy, P. C. (1939). Preliminary Analysis of Functions of the Temporal Lobes in Monkeys. *Archives of Neurology & Psychiatry*, **42**, 979-1000.

Le Doux, J. E. (1987). Emotion. In F. Plum (Ed.), Handbook of Physiology: Section I, The Nervous System. Vol.5. *Higher Functions of the Brain*. Bethesda, MD: *American Physiological Society*. 419-460.

Lewis, M. (1993). The Emergence of Human Emotions. In Lewis, M. & Haviland, J. M. (Eds), *Handbook of Emotions*. New York: The Guilford Press. 223-235.

MacLean, P. D. (1954). Studies on Limbic System ("Visceral Brain") and Their Bearing on Psychosomatic Problems. In Cleghorn, R., & Wittkower, E. (Eds), *Recent Development in Psychosomatic Medicine*. Pitman.

森谷寛之・竹松志乃 (1996). はじめての臨床心理学. 北樹出版.

大平英樹 (2010). 感情心理学・入門. 有斐閣.

Ortony, A., Clore, G. L., & Collins, A. (1988). *The Cognitive Structure of Emotions*. Cambridge University Press.

Rolls, E. T. (2000). The Orbitofrontal Cortex and Reward. *Cerebral Cortex*, **10**, 284-294.

Russell, J. A. (1980). A Circumplex Model of Affect. *Journal of Personality and Social Psychology*, **39**, 1161-1178.

Schachter, S., & Singer, W. B. (1962). Cognitive, Social, and Psychological Determinants of Emotional State. *Psychological Review*, **69**, 379-399.

Scherer, K. R., & Oshinsky, J. S. (1977). Cue Utilization in Emotion Attribution from Auditory Stimuli. *Motivation & Emotion*, **1**, 331-346.

梅田聡 (2016). 情動が生み出す「脳・心・身体」のダイナミクス—脳画像研究と神経心理学研究からの統合的理解—. 高次脳機能研究, **36**(2), 265-270.

Zajonc, R. B. (1968), Attitudinal Effects of Mere Exposure. *Journal of Personality and Social Psychology*, Monograph Supplement, **9**, 1-27.

第5章

経験を通して学ぶ（学習）

到達目標

1. 人間にとっての学習の意義を考える
2. 学習理論の基本的な内容を学ぶ
3. 学習理論を生かした臨床実践について学ぶ

1　人間にとっての学習の意義

　人間の赤ん坊と馬や牛などの哺乳動物の赤ん坊の姿には大きな違いがある。哺乳動物の子どもは、生まれてすぐに自力で立ち、母親の後を追い、哺乳することができる。一方、人間の赤ん坊は、無力かつ未熟な姿で生まれ、母親や母親的人物の世話に依存している。人間の赤ん坊が哺乳動物と同じ発育状態に至るには、生後1年間の経過が必要なことから、Portmann, A.〔ポルトマン〕（1951 / 1961）は人間が**生理的早産**で誕生すると考えた。人間の赤ん坊は大脳皮質が発達して、身体に比して頭が重たいためである。動物の赤ん坊が、生得的な**本能**（instinct）の発現によって生きるのに対して、人間の赤ん坊は母親などの人との関わりのなかで、様々な**学習**（learning）を通して脳神経系を発達させ、生き抜く術を身につけていく。したがって、学習は、人間にとって、個体の生命維持や環境への適応、自分の生き方や価値観、社会性の獲得、文化の継承などになくてはならない心の働きであるといえる。

1）学習の定義

　学習とは、先行経験によって行動の基礎過程に生じる比較的永続的な行動

の変化と定義されている。そのため、時間的経過に伴って生じる生物学的な**成熟**（maturation）、繰り返しの経験によって生じる感覚的順応、疲労、動機づけ、情動の変化、薬物投与によって生じる一過性の行動変化は、経験による場合でも、学習とはいわない。日常生活において、これらの要因と学習を厳密に区別することは難しいため、学習理論は、実験室での統制によって研究されてきた。

2）生得的行動と獲得的行動

　生命体の行動は大きく分けて、**生得的行動**（innate behavior）と**獲得的行動**（acquired behavior）に分けられる。生得的行動は、あらゆる生物が、生まれながら持つ、変化し続ける環境に適応するしくみとしての行動である。これらには走性、反射、本能的行動がある。**走性**とは、環境内の光、音、匂い、湿度などの刺激源に対して、一定方向を維持する移動行動のことで、蛾などが光源に集まる行動などを指す。**反射**は、目前に異物が飛んでくると思わず目を閉じる眼瞼反射、食物が口に入ると唾液が分泌される現象などが挙げられる。**本能的行動**とは、生物に内的な条件とその行動を触発する刺激が与えられると、一連の恒常的な動作パターンが生じることで、鳥類の巣作り行動、求愛行動が挙げられる。一方、高等な生物ほど、環境との相互作用を通して学習される獲得的行動が重要となる。発達過程の初期に経験した経験は、その後の心身の発達に大きな影響を及ぼす。初期経験の1つである**刻印づけ**＊では、学習がある時期にしか起こらないという**臨界期**＊がある。

3）学習理論の研究の歴史

　学習に関する研究は、主に2つの思想的背景がある。1つは、イギリスの経験主義のLocke, J.〔ロック〕の思想である。ロックは、人間の心は、生誕時は何も書かれていない**白紙**（tabula rasa）であると考えた。成長とともに感覚器官を通して与えられる印象や経験を通して、外界に対する観念が与えられると考えた。そして、心は、経験によって連合、つまり観念と観念の間に結びつきができ、複雑な心へと変化すると考えた。こうした経験によって

連合が形成されると考える立場を**連合主義**（associationism）と呼ぶ。これは、ヨーロッパ大陸で支持されていた**生得主義**（nativism）の立場とは対照的な考えであった。

2つめは、『種の起源』を著したDarwin, C.〔ダーウィン〕の進化論である。進化論では、生存競争のなかで、生存に適した器官や形態を備えた生物種が生き残り、それ以外は自然淘汰されると考える。また、動物と人間の能力に質的な差異はなく、連続性があるという考えに基づき、学習理論の基礎研究の多くが動物を用いた実験から生まれている（今田, 1996）。

1910年代から、アメリカで始められた学習の研究は、**行動主義**と**認知理論**（cognitive theory）という2つのアプローチによって進められた。

まず、最初に行動主義を主導したのは、Watson, J. B.〔ワトソン〕である。ワトソンは、心理学が自己観察によって意識を研究している限り、自然科学のような真の科学になりえないとして、第三者による客観的な観察や測定可能な行動を研究対象とすべきだと主張した（Watson, J. B., 1913, 行動主義者宣言）。ワトソンは、人間の複雑な行動も、それを構成する要素である刺激（S）と反応（R）の連合によって説明できると考えた。連合を形成するメカニズムである条件づけなどの学習が研究対象となる。

その後、1930年代から1950年代にかけて、刺激（S）と反応（R）に行動の主体である生活体（O：organism）の自発性や能動性も取り入れた新行動主義が登場する。これを主導したのがTolman, E. C.〔トールマン〕、Hull, C. L.〔ハル〕、Skinner, B. F.〔スキナー〕であった。

次に、認知理論であるが、アメリカで行動主義、新行動主義が主流になった頃、ドイツで隆盛していた**ゲシュタルト心理学**（gestalt psychology, 第3章1-2）参照）が端緒となる。ゲシュタルト心理学の創始者の1人であるKöhler, W.〔ケーラー〕は、スペイン領テネリフェ島で、チンパンジーを対象とした実験を行っていた（1913-1917）。天井からつり下げた果物に手が届かない時、チンパンジーが、近くの木の箱を踏み台として使うことを観察した。ケーラーは、この観察によって、学習がある準備期間の後に突然生じることを発見した。これは、Thorndike, E. L.〔ソーンダイク〕の問題箱（puzzle box）

実験の結果とも異なっていた。つまり、問題箱実験では、試行錯誤（trial and error）によって徐々に刺激と行動の連合、つまり学習が少しずつ形成されていくと考えられていたが、ケーラーの実験では、チンパンジーが箱を踏み台として使えることに気づいたという全体状況を把握する**洞察**（insight）が学習の要因とみなされ、**洞察学習**と呼ぶ。こうした学習は、環境に対する認識の仕方の変化であるので、認知理論の立場の１つである（市川, 2011）。

こうして、1950年代後半になると、行動主義に代わって、新しい分野として認知理論が台頭してくる。認知理論では、人間をある種の情報処理装置とみなし、その行動形成や変化には複雑な心的過程が関与すると考えた。行動主義では客観的に観察可能な行動を重視し、認知理論では、情報という目に見えない対象を取り上げる。そして学習だけではなく、記憶、推論、理解、動機づけ、問題解決、意思決定などの知的活動の過程を情報処理モデルによって記述しようとした。行動主義のもとでは、記憶という外から観察されない過程について扱ってこなかった。だが、学習には、記憶という情報処理や知識獲得の過程が関与している。そこで、条件づけと記憶を統合しようとする研究も登場している（Anderson, J. R., 1995）。

2　学習理論の基礎的な内容

ここでは学習の成立過程について**連合説**と**認知説**の２つの立場から学習理論を検討する。まず、連合説であるが、刺激（S）と反応（R）が結びつくことで新しい行動が形成されると考える。これには古典的条件づけ（レスポンデント条件づけ）と道具的条件づけ（オペラント条件づけ）が挙げられる。

次に、認知説と呼ばれるものは、刺激（S）と反応（R）が結びつく行動の形成過程に、思考や記憶など認知という精神機能が関わっていると考える説である。それには、すでに述べたケーラーの洞察学習の他、潜在学習、観察学習によるモデリングなどが挙げられる。また、行動の変容をもたらす過程で、情報や知識を獲得する学習として**記憶**が果たす役割も大きい。

1）連 合 説

（1）古典的条件づけ（レスポンデント条件づけ）

　ロシアの生理学者パヴロフ（Pavlov, I. P., 1927）が体系化していった条件反射による学習のことである。パヴロフの実験では、イヌに、ベルの音（無条件刺激、Unconditioned Stimulus, US）を聞かせると、イヌは耳をそばだてる（定位反射、Orienting Reflex, OR）。次にベルの音の直後に生理的な唾液分泌（無条件反応、Unconditioned Reflex, UR）を引き起こす餌を与える（無条件刺激、Unconditioned Stimulus, US）という操作を繰り返した。すると、イヌはベルの音（条件刺激、Conditioned Stimulus, CS）を聞いただけで、唾液の分泌（条件反応、Conditioned Reflex, CR）を起こすようになる。

　このように生理的な反射や反応（餌という無条件刺激と唾液分泌という無条件反応）と中性刺激（ベルの音）を結びつけて、学習する過程を古典的条件づけと

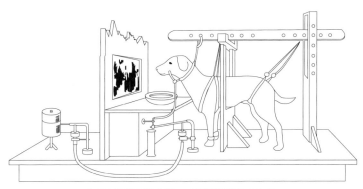

イヌの唾液は管を通って容器に集められる。

図5-1　古典的条件づけの実験
（Yerkes, R. M., & Morgulis, S., 1909）

呼ぶ（図5-1）。

　この条件づけには、生活体にとって嫌悪的な刺激が用いられることもある（嫌悪条件づけ）。これが Watson, J. B., & Rayner, R.〔ワトソンとレイナー〕(1920) によるアルバート坊やの恐怖の条件づけ実験である。

　9カ月のアルバート坊やに白ネズミ、白ウサギ、イヌなどを見せたところ、恐怖を示さない。しかし、鋼鉄棒をハンマーで叩いた衝撃音に対しては恐怖を示した。この2カ月後に一連の実験を行う。最初に、白ネズミを取り出して、アルバートに見せると、彼は、左手をネズミに伸ばした。彼がネズミに触れた瞬間、背後で鋼鉄棒をハンマーで激しく叩く。アルバートは飛び上がり、マットレスに顔をうずめた。再度、右手がネズミに触れた瞬間、再び鋼鉄棒を叩いた。アルバート坊やは前向きに倒れて、すすり泣く。検査を1週間休んだ後、坊やにネズミを見せると、坊やはネズミを凝視するが、手を出そうとしない。その後、ネズミと音の対呈示を5回行ったところ、坊やはネズミを見ただけで泣き出した。

　これは、白ネズミを条件刺激（CS）、鋼鉄棒の音を無条件刺激（US）とした条件づけで、坊やは、白ネズミに対する恐怖反応を植えつけられた。その後、白ネズミ以外の白ウサギ、イヌ、医師の白衣など白いもの、毛のあるものにも恐怖が生じるようになった。これを**般化**（generalization）と呼ぶ。

　こうした条件づけを成立させるには、条件刺激と無条件刺激との対呈示を繰り返す必要がある。この繰り返しのなかで、条件反応が徐々に強くなっていく過程を強化といい、呈示の時間間隔は、長過ぎても、短過ぎてもよくないといわれ、これを**時間的近接性**（contiguity）と呼ぶ。また、条件刺激の後にだけ毎回必ず無条件刺激を呈示するならば、無条件刺激がやってくることが予想できる。こうした条件刺激と無条件刺激の間の**随伴性**（contingency）が条件づけにおいて重要である（Rescorla, R. A., 1967）。

　また、条件づけの獲得後に、条件刺激のみを呈示し、無条件刺激を呈示しない操作を繰り返すと、条件反応が次第に弱くなる。この現象を**消去**（extinction）と呼ぶ。また、消去過程が進んで条件反応が弱くなった後に、しばらく時間を空けて再び条件刺激を呈示すると、一時的に条件反応の大きさが強

くなる現象が生じる。これを**自発的回復**（spontaneous recovery）と呼ぶ。

（2）道具的条件づけ（オペラント条件づけ）

　道具的条件づけの研究は、ソーンダイク（1898）の問題箱（puzzle box）による試行錯誤の実験に始まる。ソーンダイクは、問題箱のなかに空腹なネコを入れ、どのようにしてネコが箱のなかの仕掛けを操作して外へ出られるようになるかを観察した。ネコは箱のなかを嗅ぎ回るなど色々な行動をとっていたが、偶然ひもに脚がひっかかり外に出ることができた。こうして満足が生じる行動は、その後生じやすくなり、不満足となる行動は生じにくくなる**効果の法則**（law of effect）を明らかにした。つまり、道具的条件づけとは、その行動をして、よい結果として、**報酬**（reward）が与えられると、その行動を繰り返す。一方、悪い結果として、**罰**（punishment）が与えられると、その行動をしなくなることを利用した学習のことである。報酬を与えることを**強化**（reinforcement）、報酬そのものを**強化子**（reinforcer）と呼ぶ。また、ある行動をすることによって、嫌悪刺激が取り除かれると、その行動が生じやすくなる。この場合は嫌悪刺激の除去が強化、嫌悪刺激が強化子となる（篠原, 1998）。

　スキナー（1938）がこの研究を受け継ぎ、スキナー箱の実験を行っている。空腹のハトをスキナー箱に入れると、ハトは箱のなかで動き回る。そして偶然にキーをつつき、給餌装置が作動し、餌が出る。このようなことが繰り返されると、ハトはキーのそばにいることが多くなり、やがてキーをつつく行動を続けて行うようになる。こうして、キーをつつく行動が条件づけられる。このように刺激とは無関係に、環境に対して自ら働きかけた行動の直後に報酬を与える手続きによって学習が成立する。ハトがなかなかキーをつつかない場合、ハトがキーに近づくと、餌を与える。するとハトはキーの近くに来ることが多くなる。次にハトがキーに触れると餌を与える。するとキーをつつく反応が生じる可能性は大きくなる。こうして求める行動が段階的に生じやすくなるようにする手続きを**シェイピング**（shaping）と呼ぶ（篠原, 1998）。

　また、偶然に餌が与えられる強化の直前に生じた他の行動が次から生じやすくなるという現象が観察される。餌の提供とともに、ハトが偶然に行って

いた「箱のなかを時計回りに回る」「振り子のように体を動かす」などの独自の行動をハトは繰り返し行ったのである。これは、人間が偶然に行った行動で試合に勝った場合、次の試合の直前にその行動を繰り返す態度と同様である。スキナーはこの現象を**迷信行動**（superstitious behavior）と呼んだ。

　オペラント条件づけには、その行動を起こしやすくしたり、減らしたりするための強化があり、次の4つの手続きがある。①**正の強化**は、目標とする行動を増やすようによい結果を与える手続き（勉強をしたらほめる）、②**負の強化**は、その行動を増やすように、悪い結果を取り除く（勉強したら、お手伝いを免除する）、③**正の罰**は、行動を減らすように悪い結果を与える（ゲームをやり過ぎたら叱る）、④**負の罰**は、行動を減らすようによい結果を取り除く（ゲームをやり過ぎたらテレビを見せない）。強化とは行動を増やす手続き、罰とは行動を減らす手続きのことを指している（太田・中條, 2018）。

2）認　知　説

(1) 潜在学習

　トールマン（1932）は、学習を環境に対する認知の変化と捉えた。ゲシュタルト心理学からの影響を受け、全体としての1つの有機体が目標を求めて行動していると考え、**目的論的行動主義**（purposive behaviorism）の視点から捉えようとした。ネズミの迷路学習の実験で報酬の効果が検討された。迷路の目標で報酬としての餌が与えられるグループ、報酬が与えられないグループ、10日目まで報酬がなく、11日目から報酬を与えられるグループである。いずれのグループも試行とともに、迷路を誤ることが少なくなるが、特に、10日目まで報酬がなく、11日目から報酬が与えられるグループでは、報酬としての餌が与えられてから急激に誤りの減少を見せた。試行を重ねると、最初から報酬が与えられたグループより、誤りが少なかった。報酬がなく、迷路を走行している間に、ネズミは迷路の物理的空間的配置に対応した地図を学習していたと考えられる。これを**認知地図**（cognitive map）と呼んだ。このように、目標に報酬としての餌（強化）がなくても、予期の形成によって、学習が成立するのである。そして、潜在的であった学習が報酬を与えら

れることによって顕在化したのである。このような学習を**潜在学習**（latent learning）と呼んだ。

(2) 観察学習

　Bandura, A.〔バンデューラ〕は、我々が、他者が何を行っているのかを観察しているだけでも、模倣して学習できるとする、**観察学習**（observational learning）を提唱した。実験では、子どもらは、大人が風船人形（ボボ人形）に対して、特に乱暴な行動をするのを見た。その後、子どもが同じような状況に置かれた時、大人と同じ行動する率が高いという結果になった（Bandura, A., 1971 / 1975）。このように、直接経験ではなく、代理経験によってなされる学習を**社会的学習**（social learning）ともいう。この場合の大人をモデルといい、モデルは、子どもに対して示範（モデリング modeling）することができる。バンデューラは、刺激と反応の連合や、媒介過程に習慣（強度）という概念を考える伝統的な学習理論ではなく、認知過程を重視した。この認知過程は、その後**自己効力感**（セルフ・エフィカシー、self-efficacy）という概念の研究へと発展している。また、モデリングによる学習は、**ソーシャルスキルトレーニング**（Social Skill Training, SST）において、正の強化を促していく介入技法として取れ入れられている。

(3) 記憶のしくみ

　記憶の実験を初めて行ったのは、Ebbinghaus, H.〔エビングハウス〕（1885 / 1978）である。学習が単に刺激（S）と反応（R）の連合ではなく、そこに介在する生活体（O）の「認知」に伴う情報や情報処理に注目されるようになった。記憶は、過去に獲得された情報の利用を可能にする精神機能を包括する概念（山内・春木, 2001）である。記憶の過程には、第1に**記銘**（memorization）と**符号化**（encoding）によって情報を刻み込み、覚え込む段階、第2に記銘した情報を失わないようにする**貯蔵**（storage）ないし**保持**（retention）しておく段階、第3に保持していた情報を必要な時に記憶貯蔵庫から取り出す検索（retrieval）する段階がある。神経心理学的な立場から、記憶はその記銘から再生、再認までの保持時間の長さに従って、**感覚記憶**、**短期記憶**、**長期記憶**に分けられる。Atkinson, R. C., & Shiffrin, R. M.〔アトキンソンとシフリン〕

（1968）の多重貯蔵庫モデルによると、記憶は、３つの情報の貯蔵庫（**感覚記憶貯蔵庫、短期記憶貯蔵庫、長期記憶貯蔵庫**）を通過する。感覚記憶貯蔵庫、短期記憶貯蔵庫は容量に限界があり、情報を反復し、リハーサル（rehearsal）しなければ長期記憶貯蔵庫に移行しない。単に情報を保持するだけではなく、処理する働きも重要で、これを**ワーキングメモリー（作動記憶）**と呼ぶ。

3　学習理論を生かした臨床実践

　学習理論を生かした臨床実践の代表として、行動療法がある。山上（2007）は、行動療法が、対象を認識し、把握する技術と変容する技術で構成されている治療法であると述べる。クライエントの苦痛を少しでも軽くし、生活しやすくなるといった目的に向けて、クライエントとともに考え、具体的に丁寧に、個別に工夫して用いて役立てることで、心理療法としての意味や価値が生じる。行動療法は、誰にでも同じように適用できるわけではない。クライエントの心の悩みや傷つき、精神病理、セラピストとの関係性についての深い理解、状況に応じて適用する磨かれた臨床センスや細やかな配慮があってこそ、方法や技術を創造的に生かすことができる。

　昨今、教育の現場では、発達障害などの問題によって学習や友達とのコミュニケーション、学校環境への適応に課題を持つ子どもが増加している。

医療の現場では、うつ、不安や恐怖、摂食障害などの症状で生活上の不具合や不適応、アルコールや薬物に対する依存症、生活習慣病など行動に病理のある精神疾患や身体疾患なども少なくない。クライエントの心身の問題に対して技法や治療プログラムを適用していくことも必要になってきている。そこで、こうした行動療法の一部をここに紹介する。

1）古典的条件づけの応用

（1）系統的脱感作法

　Wolpe, J.〔ウォルピ〕（1958）が開発した方法で、不安や恐怖を感じさせる状況に置かれた時の情動反応を和らげることを目的としている。不安を感じさせる条件刺激（CS）に心身のリラックス状態（不安拮抗反応）を対呈示させる**逆制止**という方法を用いる。実施法としては、まず、自律訓練法や**漸進的筋弛緩法**などのリラクゼーションを体得する。次に、不安や恐怖を感じる対象について、自覚的な障害度（Subjective Unit of Disturbance, SUD）を点数化した不安階層表を作成する。全く不安を感じない場面（0）からもっとも強く不安を感じる場面（100）まで、段階的に不安場面をイメージし、同時にリラクゼーションを体験できるようにする。ある生物に対する接近恐怖や閉所恐怖などのような特定の恐怖症患者に対して効果的な手法といわれる（山上, 2007）。

（2）嫌悪療法

　望ましくない行動をしてしまわないよう、不快な刺激やイメージを呈示し、嫌悪条件づけ反応を形成する方法である。喫煙、アルコールや薬物などの物質依存症患者は、解放感や多幸感などが強い快刺激となって、摂取する問題行動を続けている。そのため、再発することが非常に多い。こうした悪循環を断ち切るには、飲酒などの行動に至ると、強い不快感を生じさせる抗酒薬（飲酒すると気分が悪くなる）をすぐに与えるなどして、不快なイメージや苦痛を対呈示していく。すると、その不快刺激を予想して、当該行動をしなくなることを目指している。

（3）エクスポージャー法（暴露療法）

　恐怖や不安の原因になる刺激や状況に段階的にあえて曝すことで不安反応を消していく行動療法のことである。主にパニック、PTSD、恐怖症、強迫性障害や不安障害など不安を起こす必要のない刺激に対して不安反応が生じて、不適切に回避され、習慣化している患者に対して適用される。対象者は、不適切な反応の原因となっている刺激や状態に段階的に直面していく。その方法は、イメージを用いて行う場合と現実場面を用いて行う場合がある。不安を生じさせている刺激状況に直面してその状況を体験することで、その状況を不安でなく体験できるようになることを目指す治療法である（山上, 2007）。

2）道具的条件づけの応用

（1）正の強化法・シェイピング

　正の強化法とは、問題行動を減らし、道具的条件づけを用いて代替行動を獲得させていく介入技法である。例えば、教室で問題がわからず、立ち歩くことで教師の関心を引きつけている子どもがいるとする。こうした子どもに手を上げて質問するなどの代替行動を目標として定め、手を上げて質問ができた時に、今まで以上に教師がほめたり、関心を持って指導するなどの実践を行う方法のことである。①これも単にほめるのではなく、どのような報酬を与えることが、子どもにとって望ましい刺激になるのかアセスメントすること、②報酬となりうる強化子には、食べ物やお金などの生来的に強化力のある一次性強化子と、安心感、満足感や達成感など人との関わりで得られる二次性強化子とがある。一次性強化子の方が「飽和」によって満足感が減退し、強化の価値が持続しなくなる可能性もあるため、注意しなければならない。

　シェイピングとは、現在の行動のなかから、目標に向いている行動を探して、そこを強化し、その行動が確かになったら、さらにその行動につながっている目標にさらに近い行動に強化の対象を移してそれを強化する。そのようなことを繰り返し、行動の質を目標に向けて徐々に変えながら、新しい行

動を学習する過程のことをいう。例えば、教室で落ち着きのない子どもに、授業時間は椅子に座って授業を受けてもらいたいとする。最初は子どもが3分の短い時間を座っていたら、ご褒美のシールを貼るなどの強化を行う。これによって椅子に座る回数が増えてくると、今度は10分座ることを条件とするなどだんだんと望ましい行動に近づける技法である（山上, 2007）。

（2）トークン・エコノミー法

1961年にAyllon, T.〔アイロン〕とAzrin, N.〔アズリン〕によって、精神病院で入院患者が全般的な活動性を身につけられるように開発されたものである。目標となる行動を正しく遂行できた時に、代用貨幣である**トークン**を与えて、その行動を強化する方法である。トークンにはシールやチップなどが用いられ、それらが一定量に達すると病院内の売店で品物と交換できたり、欲しいものが与えられたり、時には日帰りなどの外出許可の特権が与えられる。トークンが**二次性強化子**の役割を果たしている。このようなトークンは日常生活でも多く見受けられる。クレジットカードのポイントや航空会社のカードのマイルのポイントなどである（福井, 2008）。

（3）タイムアウト法

望ましくない行動をした時に、本人にとって望ましい結果を取り去ること（負の罰）で、問題行動を起こさないようにする方法である。例えば教室内で悪さをするなどの子どもがいた場合、一時的にその場から引き離して、廊下に立たせるのもこの方法である。子どもにとって友人との関わりなど問題行動を強化する刺激から遠ざけることである。おもちゃを取り上げる、おやつを食べさせないなどしつけとして取り入れられてきた技法でもある（太田・中條, 2018）。また、**アンガーマネジメント**といって、怒りの感情と上手に付き合うための心理技法がある。その技法のなかに、怒りを感じたらとりあえず、その場を離れるという方法があるが、これもタイムアウト法の1つであろう。

3）認知行動療法

認知行動療法（Cognitive Behavior Therapy, CBT）とは、予期や判断、思考や

信念体系といった認知的活動が行動の変容に及ぼす機能を重視し、個人のなかにかなり一貫したスタイルとして存在し、将来の経験や行為に影響を及ぼす**認知的な構え**を治療の標的として積極的に設定して、症状や問題行動の改善に向けた臨床的介入を行うとする治療法である（坂野, 1995）。Ellis, A.〔エリス〕の**論理療法**や Beck, A. T.〔ベック〕が開発したうつ病患者の**認知療法**における認知理論と、行動療法における連合理論が統合されて認知行動理論となり、それに基づいた認知行動療法が発展した（福井, 2008）。

　認知行動療法の基本仮説とは、人は状況に対する捉え方（認知）によって、感情や行動や身体反応が異なってくるということである。うつ病患者の思考様式は、自他や将来に対する否定的見方や絶望感にある。そこには、個人のなかにある一貫したスキーマ（知覚・認知の構えや信念）や場面に直面した時の**自動思考***（自動的に思い浮かぶ考え）等の**認知の歪み**がある。そこで比較的介入可能な自動思考などの認知の歪みが感情や行動に影響していることに気づいていくことを試みる。それが**セルフモニタリング**による**認知再構成法**である。認知再構成法とは、ある状況や場面を取り上げ、そこに生じた感情、行動、身体への影響とそこに介在した認知を明らかにする。

　1950 年代の学習理論に基づく行動療法（第 1 世代）、1960 年代の認知モデルに基づいた認知療法と合流した認知行動療法（第 2 世代）に加え、1990 年前後から、認知・行動療法の新たな流れである第 3 世代も登場している。そ

事例：やる気が出ない大学生 A さん

　A さんは最近、勉学にもサークル活動にも身が入らず、やる気が起こらない。大学に行くのもおっくうになり、自分自身に焦りを感じていた。そこで学生相談で教えてもらった認知再構成法によって、状況、自動思考、感情を記録にとり、自己観察（セルフモニタリング）に取り組んだ。すると、自動思考において、「大学生活は充実しているべき」というべき思考、「一生懸命取り組んでいないとダメだ」という白黒思考に気づき、次第に気持ちが楽になってきた。

の代表的なものが、**マインドフルネスストレス低減法**＊（MBSR, Kabat-Zinn, J., 1990 / 2007）と**アクセプタンス & コミットメントセラピー**＊（ACT, Acceptance and Commitment Therapy）である（熊野, 2012）。

■引用・参考文献

Anderson, J. R. (1995). *Learning and Memory: An Integrated Approach*. New York: John Wiley & Sons.

Atkinson, R. C., & Shiffrin, R. M. (1968). Human Memory: A Proposed System and its Control Processes, In Spence, K. W. & Spence, J. T. (Eds.), *The Psychology of Learning and Motivation*. Vol.2. Academic Press.

Bandura, A. (Ed.) (1971). *Psychological Modeling: Conflicting Theories*. Chicago: Aldine-Atherton. 原野広太郎・福島脩美（訳）(1975). モデリングの心理学. 金子書房.

Ebbinghaus, H. (1885). *Über das Gedächtnis: Untersuchungen zur Experimentellen Psychologie*. Duncker & Humblot. 宇津木保（訳）(1978). 記憶について. 誠信書房.

福井至 (2008). 図解による学習理論と認知行動療法. 培風館.

市川伸一 (2011). 現代心理学入門 3　学習と教育の心理学（増補版）. 岩波書店.

今田寛 (1996). 現代心理学シリーズ 3　学習の心理学. 培風館.

Kabat-Zinn, J. (1990). *Full Catastrophe Living*. The Bantam Dell Publishing Group. 春木豊（訳）(2007). マインドフルネスストレス低減法. 北大路書房.

熊野宏昭 (2012). 新世代の認知行動療法. 日本評論社.

太田信夫・中條和光 (2018). シリーズ心理学と仕事 4　学習心理学. 北大路書房.

Pavlov, I. P. (1927). *Conditioned Reflexes*. Translated by Anrep, G. V., Oxford University Press.

Portmann, A. (1951). *Biologische Fragmente zu einer Lehre vom Menschen*. Verlag Benno Schwabe. 高木正孝（訳）(1961). 人間はどこまで動物か―新しい人間像のために―. 岩波書店.

Rescorla, R. A. (1967). Pavlovian Conditioning and its Proper Control Procedures. *Psychological Review*, **74**(1). 71-80.

坂野雄二 (1995). 認知行動療法. 日本評論社.

篠原彰一 (1998). 新心理学ライブラリー 6　学習心理学への招待（改訂版）―学習・記憶のしくみを探る―. サイエンス社.

Skinner, B. F. (1938). *The Behavior of Organisms*. Appleton-Century-Crofts.

Thorndike, E. L. (1898). *Animal Intelligence: An Experimental Study of the Associa-*

tive Processes in Animals. New York: Macmillan.

Tolman, E. C. (1932). *Purposive Behavior in Animals*. Appleton-Century-Crofts.

Watson, J. B. (1913). Psychology as the Behaviorist Views It. *Psychological Review*, **20**(2). 158-177.

Watson, J. B., & Rayner, R. (1920). Conditioned Emotional Reactions. *Journal of Experimental Psychology*, **3**. 1-14.

Wolpe, J. (1958). *Psychotherapy by Reciprocal Inhibition*. Palo Alto: Stanford Univ Press.

山上敏子 (2007). 方法としての行動療法. 金剛出版.

山内光哉・春木豊 (編著) (2001). グラフィック学習心理学　行動と認知. サイエンス社.

Yerkes, R. M., & Morgulis, S. (1909). The Method of Pavlov in Animal Psychology. *Psychological Bulletin*, **6**, 257-273.

第6章

その人らしさとは何か

到達目標

1. 性格・人格・キャラ、その形成について知る
2. 性格形成の理論、類型論・特性を概観する
3. 性格検査について学ぶ

1 性格?　人格?　キャラ?　から見た「私らしさ」

Hall, C. S., & Lindzey, G.〔ホールとリンドジー〕(1957) は「性格」もしくは「人格」に関する理論は心理学者の数だけあり、そして心理学理論を絶えず更新させ、けん引してきた研究領域であると述べている。

日頃私たちは、その人らしさを「あの人の性格はとても誠実で穏やか」とか「慌て者で不注意な人だ」などと描写する。また、自分の「性格」について考え込んでしまうことはないだろうか。性格は一般的には比較的変わることのないその人の考え方や感じ方、振る舞いと日常生活のなかで把握されている。そもそも「性格」という言葉は character という用語の日本語訳である。その character（キャラクター）という言葉の原義を訪ねるとラテン語で「刻まれたもの」という意味で、文字でも形でも何かが刻み込まれてできあがった状態を表す。転じて人ではその人の特徴、その人らしさという意で用いられている。また、現代では映画や漫画の登場人物の特徴を表す。日常でも、誰かの特徴を「キャラが立つ」とか「濃いキャラ」などと表現する。

「性格」とよく似た言葉に「人格・personality」「気質・temperament」という言葉がある。日本語の「人格」という言葉は日常的には「あの人は人

格者だ」というように「よくできた人」「立派な人」という価値観を含めたニュアンスで用いられることがある。しかしその語源はペルソナ（persona）という言葉で、ギリシア仮面劇の仮面を表す語である。パーソナリティ（personality）の西欧での意味は個々人の個性を表しており、日本語の「性格」の意味に近い。「personality」を「性格」と訳さなかったのは、日本に「character・キャラクター」の語が先に入り、それに「性格」の訳をあて、その後入ってきた「personality・パーソナリティ」に「人格」の訳語をあてたという経緯によるといわれている。現在では「性格」の意味で「パーソナリティ」という表記が用いられていることが多い。よく似た言葉の3つ目「テンパラメント・temperament」は「気質」と訳され、人の生物的側面についての特徴、刺激に対する反応や気分やその人独自の行動や思考に現れるテンポなど、その人らしさの身体的な側面を意味する言葉として用いられている。すなわち、「気質」という生物的な基礎に基づく、比較的変化しにくい人の特徴の側面を表している。本文では「パーソナリティ」「性格」「人格」を同義として用いることとする。

　次にパーソナリティの定義であるが、もっとも有名なのは **Allport, G. W.〔オルポート〕*** (1961 / 1968) の「パーソナリティとは個人の内にあってその個人に特徴的な行動や思考を決定する精神身体的体系の力動的体制である」という定義である。すなわち、パーソナリティとは他の人とは異なる「私」の考え方や感じ方、事象への反応や行動の仕方は、時と状況にかかわらず、比較的変化することなく、ある種の一貫性を持ち、安定しているということである。これには時・場所や状況に応じて反応したり、言動を変化させたりすること、もしくは全く変化させないことなどにもその人らしいある種の一貫性があるということを表している。

　また、オルポートは人に共通する普遍的なパーソナリティ特性を明らかにすること、普遍的な法則を発見していく **法則定立的研究*** (low-oriented research) だけでは心理学の半面を捉えたことに過ぎないと論じ、個人を理解すること、その独自性を明らかにし、**個別記述的研究*** (individual descriptive research) を行うことの必要性を強調している。人としての共通する普遍的

な特性とこの世界に唯一の「私」を明らかにし、他者との差異を明らかにしていくことの両方が心理学の課題であると述べている。このようにして「私」の感じ方や考え方、行動の仕方をパーソナリティと定義するのであるが、これはとても複雑で、先に挙げたように心理学研究者、臨床心理領域・精神分析的領域の研究者の数だけその理解を反映したパーソナリティの定義や人格の捉え方がある。これこそが人の複雑で奥深さ、一筋縄では捉えることのできない本質の現れといえるのかもしれない。次に、この「私らしさ」、パーソナリティの形成に関する議論を見ていこう。

2　性格形成の理論

　パーソナリティの形成、発達は生物学的基盤、いわゆる気質といわれる個人差から出発し、養育者との体験、その後の多様な対人関係、社会、文化、教育、環境などからの影響を受け、それらとの交互作用のなかで形成されていく。この性格形成については、「遺伝か環境か」という単一要因説、また「遺伝も環境も」という**相互作用説**＊や**相乗的相互作用説**＊などの論争が長年にわたり続いてきた。現在では単一要因説は退けられ、「遺伝も環境も」のなかで、遺伝的要因や環境要因が人の性格形成にどのように働いているのかについての解明が中心となっている。最近の双生児法による研究（安藤，2000）によると、性格に関わる遺伝子が親から子に伝わる時は、ランダムに両親から各々半分ずつ伝えられ、その組み合わせは古今東西すべての人が皆異なると考えて間違いないといわれている。だいたい50％が遺伝子からの影響、残り50％が環境によるものであるとの結果が出ている。しかも環境のなかでも共有環境といわれるなかで、兄弟姉妹で共有している環境の影響はわずか5％という研究結果も出ている（図6-1参照）。

　「こんな性格は嫌だ、変えたい」と思った経験はないだろうか。以上概観してきた現代のパーソナリティ研究によれば、パーソナリティ特徴の半分は遺伝的要因で決定し、これは私の変えることのできない大切な一部である。それに加えて、育ってきた環境やこの文化や社会での経験、それがどれほど

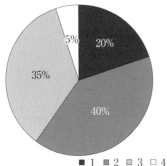

図 6-1 は安藤の研究に先行する Dunn と
Plomin の双生児法。
この研究では性格形成の要因として、遺
伝的要因は 40%、環境の影響も 40%、
そのうち、家族・兄弟姉妹と共有する環
境の影響はわずか 5% という結果であっ
た。

1　20%：誤差
2　40%：遺伝
3　35%：非共有環境
4　 5%：共有環境

図 6-1　パーソナリティの分散の構成要素
(Dunn, J., & Plomin, R., 1999)

事例：「自分の性格を変えたい」という相談

　大学新入生の A（18 歳）は、小、中、高校時代を通していじめられ体験があり、大学生活こそと意気込んで、明るく、社交的な自分を目指して頑張ってきたことを話してくれた。以前の自分に戻らないように頑張りたいので、相談をしたいとのことで、相談が開始された。そして数回後、来談した本当の理由を話し始めた。入学当初は色々と頑張れたが徐々に疲れ、最近では人に会うのも怖い、大学にも行けず、どうしていいかわからない状態であった。自分の暗い、とにかく嫌なことばかり考えるこの性格を変えたい、この性格のせいでいじめられたり、人とうまく関われなかったり、ずっと苦しんできたことをゆっくりと話し始めた。

苦しいものであったとしても、それらも含めた要因により、今の私の性格は形作られているということがわかってきた。そして、これからの体験とそれを分かち合う人々との関係や深い交流を通して、考え方や感じ方が変化し、新しい発想や認識の獲得などの経験がパーソナリティをゆっくりと豊かに練り上げていき、変化していく機会となっていく。すなわち、運命は、半分は変えられないようであるが、半分は変えられる、切り開いていけるということを意味しているようである。そして変えられない半分をどのように受け止め、大切にしていくかは、変えられる半分の意識的、無意識的な意志や経験

が生きてくる。

　最後に性格の発達段階説として知られている、精神分析理論におけるパーソナリティの発達特徴を挙げておく。

　Freud, S.〔フロイト〕の精神分析理論の概要は第1章3-1)において詳しく述べられているので、ここでは精神分析の発達段階とその段階に固着した後の性格傾向について表6-1に示しておく。

　フロイトは心理-性的理論による発達段階を提唱した。人は心のエネルギー（リビドー：libido, 性的欲動）を満たす身体部位が口唇→肛門→男根→潜伏→性器へと成長に伴い段階的に発達していくことを明らかにした。しかし、成長の過程において、各段階で十分に満たされることがない場合、その段階にリビドーの固着が生じ、それが後の性格特徴を示すとする説である。この固着が生じる要因はその段階における心的外傷や過度の満足体験といわれている。

表6-1　フロイトの欲動の発達段階とパーソナリティ
（長尾, 2013, 一部改変）

発達段階	心理的意味	パーソナリティ
口唇期	優しさ、接触 取り入れ 拒絶、破壊	依存的、受動的 自信、安心、楽天性 横柄さ、僻み、悲観
肛門期	反抗-服従 破壊-積極性 保持-受身性	強情、だらしなさ 几帳面、しまり屋 義理堅い、潔癖、厳格
男根期	エディプス期 母の独占 父との競争	見栄、競争、強気、優越感 弱気、引っ込み思案、 失敗不安、劣等感
潜伏期	超自我形成	リーダーへの同一化 協調性
性器期	思春期 生殖性	男性性の誇示 異性愛

1．日常的にいう「性格がよい」「性格が悪い」について改めて考えてみよう。

「よい性格」ってどのような性格？　「……みたいな性格になりたいな」と思い浮かぶ性格ってどのようなの？　グループで挙げていって話し合ってみよう。

2．思い描いた「よい性格」って、本当に「よい」かな？　話し合ってみよう。

3　パーソナリティ理論―類型論と特性論―

1）類　型　論

　1人ひとり異なるパーソナリティを記述するための代表的な方法は「類型論」と「特性論」をいう2つのパーソナリティ理論に基づく立場がある。

　類型論では人の特徴を典型的ないくつかのグループに分け、直観的、全体的にパーソナリティの特徴を把握し、説明していく方法である。これの起源は遠く2000年前古代ギリシアに遡る。有名なHippocrates〔ヒポクラテス〕（表6-2）やGalenos〔ガレノス〕（表6-3）は人間の4種類の体液からその相対的な優勢度により、体型、感情、病変のタイプ分けを行った。

　Kretschmer, E.〔クレッチマー〕（1921 / 1960）（表6-4）は長年の精神科診療を通して、患者の体格、気質による3分類説を提唱した。

　Sheldon, W. H., & Stevens, S. S.〔シェルドンとスティーブンス〕（1940）（表6-5）はクレッチマーの説を批判し、多くの資料を統計的な手法で分析し、新たな分類を試みたが、結果として発生的類型論と呼ばれるシェルドンの類型はクレッチマーと類似したものとなった。

　Jung, C. G.〔ユング〕（表6-6）はフロイトの性的リビドー（libido）を心的

表 6-2　ヒポクラテスの体液説（詫摩, 1998, 一部改変）

4 体液説
血液、黄胆汁、黒胆汁、粘液のバランスが人の特質を作る

表 6-3　ガレノスの 4 体液説

血液	社交的で明朗な気質
黄胆汁	積極的で短気
黒胆汁	心配性で内向的
粘液	合理的で穏やかな気質

表 6-4　クレッチマーの気質類型

気質	特徴	体型	関連疾患
分裂気質	非社交的、静か、控えめ、変人（全般的） 臆病、恥しがり、敏感、神経質（過敏状態） 従順、お人よし、温和、無関心（鈍感状態）	細長型	統合失調症
躁うつ気質	社交的、善良、親切、温かみがある 明朗、ユーモアがある、活発、激しやすい（躁的成分） 寡黙、平静、気が重い、柔和（沈うつ成分）	肥満型	躁うつ病
粘着気質	執着する、几帳面、重々しい、安定している 爆発的に激怒する	闘士型	てんかん

表 6-5　シェルドンの体格と気質類型論

外胚葉系	皮膚、神経系、感覚器官の発達がよい 長くて痩せたきゃしゃな手足をもった体型	頭脳緊張型
内胚葉系	内胚葉から発達する消化器系統の発達がよい 柔らかく、丸みを帯びた体型	内臓緊張型
中胚葉系	中胚葉から発生する骨や筋肉系統の発達がよい 硬く角ばった体型	身体緊張型

エネルギーと意味づけ、心的エネルギーの向かう方向により、外向型と内向型に類型化し、さらに 4 つの心的機能（思考・感情・直観・感覚）を組み合わせた 8 つの類型を設定した。この類型はクレッチマーやシェルドンのような計測やデータを用いてはいないが長年にわたる臨床経験から編み出されたものである。

表6-6　ユングの類型論

	外向	内向
	心的エネルギーが、外界の事物や人に向けられ、それらに対する関係や依存によって特徴づけられている。	心的エネルギーが、自己の内面に向けられ、外界の事物や人との関係には消極的で、主観的要因に重きを置いている。
思考	外的な事実に注目し、一つの体系として理解整理する客観的事象への探求に優れている。	外界よりも内的な意見に重きを置く。独創的に優れている。しかし現実との結びつきが薄れてしまいがちでもある。
感情	世間的な価値観を受け入れて、気持ちのままに行動し他者と良好な関係が結べる。時に受け売り的な傾向がある。	外から見ると控えめだが、内的には独特の感情世界を持つ。詩や芸術家タイプ。しかし、自分の感情的な判断を押しつけることもある。
直観	絶えず新しい可能性を求めて行動するタイプ。新しい事の探求、事業を起こすが長続きしない。	自分の内的ひらめきを追い求める宗教家や思想家タイプ。しかし世間には理解されにくい面もある。
感覚	現実主義者（リアリスト）で、客観的事実をそのままに受け取ってその経験を集積する。外界の状況に苦もなく合わせる。	独特な内的世界に生きているタイプ。外界との関係を保ちにくく、適応に苦労する面がある。

2）特　性　論

　次に特性論について見ていこう。日常生活のなかで、私たちが誰かの性格を表現するもう1つの方法に、個々の性格を表す特徴、すなわちパーソナリティ特性をいくつか挙げて描き出す方法がある。オルポート（Allport, G. W., & Odbert, H. S., 1936）はこのパーソナリティ特性を探索するために、辞書から1万7953語の人のパーソナリティや行動を表す単語を選択し、それらを整理分類して4500語のパーソナリティ特性を表す単語を抽出した。また、オルポート（Allport, G. W., 1929）は、これらのパーソナリティ特性は抽象的な概念ではなく、その人の習慣を形成し、その人らしい行動の決定因となると定義している。また個々の特性は道徳的意義や価値観とは関連はなく、個々に取り出せるものではなく、様々な特性同士が相互的に関連してその人らしさを形作るとしている。これは複雑な人の性格、人格についての探求、理解における単純化を戒めるものである。多くの人に共通する特性を共通的特性とし、パーソナリティ測定のための抽象的な特性概念とした。また特定の個人にまとまりを与えるものを個人的特性と名づけ区別した。オルポートは自分

の研究的立場を個性的特性論といっている。

　次に続く性格検査、personality test はオルポートの主張とは異なり、共通特性、すなわち共通次元における個人差を扱っていくことになる。

3）キャッテルの 16PF

　知能測定の分野でも有名な Cattell, R.〔キャッテル〕は、オルポートと Odbert, H. S.〔オドバード〕のパーソナリティ特性リストを整理し、定量化可能な「共通特性」と質的特性である「独自特性」に分類し、さらにこの2つの特性を観察可能な表面特性と意味づけ、また観察不可能な根源特性を因子分析という統計的手法を用いて想定し、根源特性を両極の意味を持つ 16PF（16パーソナリティ因子質問紙、16 Personality Factor questionnaire）というパーソナリティ検査を作成した。その内容は A：情感、B：知能、C：自我強度、E：支配的、F：衝動性、G：公徳心、H：大胆、I：繊細、L：猜疑心、M：空想性、N：狡猾、O：罪悪感、Q1：抗争性、Q2：自己充足、Q3：不安抑制、Q4：不動性不安、以上 16 の因子からなる。これらを評定することで性格を知ろうとする検査である。表6-7 に一部例示する。

4）アイゼンクのパーソナリティ理論と MPI

　次に紹介するアイゼンク（Eysenck, H. J., 1959）は様々な精神医学、心理学などの資料を因子分析した結果、外向的-内向的（人の指向性が外界に向いてい

表6-7　16PF 1次因子　（Cattell, R. B., et al., 1970 / 1982, 一部改変）

因子	低得点	高得点
A	打ち解けない　Reserved【分裂的　Schizothymia】超然とした、批判的、冷たい、非人間的	打ち解ける　Warm hearted【情緒的　Affectothymia】人好き、社交的、のんき
B	知的に低い　Less intelligent【低知能　Low scholastic mental capacity】具体的思考	知的に高い　More intelligent【高知能　Higher scholastic mental capacity】抽象的思考、利発
C	情緒不安定　Affected by feelings【低自我　Lower ego strength】感情的、動揺しやすい	情緒安定　Emotional stable【Higher ego strength】おとな、現実直視、冷静、忍耐強い

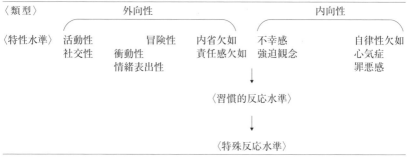

図6-2　アイゼンクのパーソナリティの階層的構造理論（Eysenck, H. J., 1959）

るか、内界に向いているかを意味する）、神経症的-安定（神経症傾向は不安を抱きやすく、不健康な傾向があるか否か）という2つの因子を見出した。さらに後年、これらにもう1つ、精神病傾向-タフマインドネス（tough-mindedness）という次元を加えた。

　彼はこれらを類型と呼び、その下に特性水準、習慣的反応の水準、特殊的反応の水準というような層構造を想定した（図6-2）。最上層の類型は大脳や自律神経系の働きとして個人差を論じている。類型論的な発想として、下位層に特性水準、その下に習慣の層、最下層に刺激に対する反応の水準を仮定した。アイゼンクは類型理論と特性理論の統合を目指した。このパーソナリティ構造を測定するためにモーズレイ性格検査（MPI, Maudsley Personal Inventory）やアイゼンク性格検査（EPI, Eysenck Personality Inventory）が作成された。

5）ビッグファイブ（パーソナリティの5因子モデル）

　特性論の研究発展のなかで、パーソナリティを構成する共通特性の探索が進められていった。そのなかで次第に5つの基本的な因子が見出されていった。Goldberg, L. R.〔ゴールドバーグ〕（1990）はパーソナリティを構成するこの5因子をビッグファイブ（Big Five）と呼んだ。また、Costa, P. T., Jr., & McCrae, R. R.〔コスタとマックレー〕（1992）はパーソナリティの構成がこの5因子から成り立っていることを5因子モデル（Five Factor Model, FFM）と呼び、新たにネオ性格目録改訂版（Revised NEO Personality Inventory, NEO-

表6-8　ビッグファイブ

特性次元	次元の下特性
N：神経症的傾向 （neuroticism）	不安、敵意、抑うつ、自意識、衝動性、傷つきやすさ
E：外向性 （extraversion）	温かさ、群居性、断行性、活動性、刺激希求性、よい感情
O：開放性 （openness）	空想、審美性、感情、行為、価値、アイデア
A：協調性 （agreeableness）	信頼、実直、利他性、応諾、優しさ、慎み深さ
C：誠実性 （conscientiousness）	コンピテンス、秩序、良心性、慎重さ、達成追求、自己鍛錬

PI-R) を作成した（表6-8）。このパーソナリティ検査は世界中で翻訳され、現在も研究が行われている。測定される因子の特徴を概観しておく。

　①　神経症傾向（neuroticism）　　神経症傾向の高低は情緒的な安定性の指標となる。すなわち感情の揺れ動きが高く、不安や心配が強い状態と敵意や抑うつという状態がもたらされる高群、反対に低群は安定している状態を表す。

　②　外向性（extraversion）　　外向性は関心や注意が外界に向かっていること、社交性や積極性、活動的で肯定的な感情を持つ特徴が挙げられる。外向性の低さは関心や意識が内に向かって内向的であり、無口で引っ込み思案、人との交わりが苦手な傾向を表す。内向的、外向的いずれにも長所、短所がある。

　③　開放性（openness）　　開放性は経験への受容性、関心を表す。開放性の高さは物事や体験に対する興味関心の高さ、新奇なものへの関心、アイディアや空想性の高さを意味している。開放性の低さは保守的、新奇なことに興味を示さない傾向がある。

　④　協調性（agreeableness）　　協調性の高さは相手への思いやりや優しさ、他者を信じ、相手の気持ちに添う傾向を表す。逆に協調性の低さは相手への関心のなさや冷淡さ、攻撃性が高いという傾向を持つ。

　⑤　誠実性（conscientiousness）　　勤勉性とも訳すことのできる特性。この

特性の高さは物事や課題に対して熱心に取り組み、自己統制能力の高さ、真面目な性質を示す。反対に勤勉性の低さは頼りがいのない、行き当たりばったりのいい加減な傾向を表す。

　表6-8に示したように以上5つの特性に加えて各々の特性に下位特性5からなる検査により、パーソナリティを量的に測定し、プロフィールにより、解釈していく。

　以上、パーソナリティの特性論について概観してきた。最後に、特性論に基づいた代表的な性格検査を表6-9にまとめる。

表6-9　代表的な性格検査　質問紙法（丸島・日比野, 2004, 一部改変）

検査名	項目数	対象年齢	日本語マニュアル	下位尺度
CPI（カリフォルニア人格検査）	480	12-成人	我妻ら, 1967	第1群：社会性など6因子、第2群：責任感など6因子、第3群：自立的成就欲求など3因子　第4群：共感性、融通性、女性的傾向の3因子
MPI（モーズレイ性格検査）	80	16-成人	MPI研究会, 1969	外向性、神経症傾向
EPPS性格検査（エドワーズ性格検査）	225	15-成人	肥田野ら, 1970	15因子、達成、追従、秩序、顕示、自立、親和、他者認知、救護、支配、内罰、養護、変化、持久、異性愛、攻撃
Y-G性格検査（矢田部・ギルフォード）	120	8-成人	辻岡, 1982	13因子、抑うつ性、回帰性傾向、劣等感、社会的外向、神経質、客観性、協調性、攻撃性、一般的活動性、思考的外向、支配性、のんきさ
16PF人格検査	187	16-成人	伊沢ら, 1982	16因子、情感、知能、自我強度、支配性、衝動性、公徳心、大胆、繊細、猜疑心、空想性、狡猾、罪責感、抗争性、自己充足、不安抑制力、浮動性不安
MMPI（ミネソタ多面式人格目録）	550	15-成人	MMPI新日本版研究会, 1993	4つの妥当性尺度、10項目の尺度　26カテゴリー
NEO-PI-R性格5因子検査	240	18歳以上	下仲ら, 2011	情緒的不安定、外向性、開放性、調和、誠実性

以上、代表的な 7 つの性格検査を挙げた。しかし、これらの検査だけから個々人の性格がわかるわけではない。「人はそれほど単純ではない」とのオルポートの言葉通りである。

自分でも自分のことがわからないことがある。そのような時、そばにいる誰かが私のことを知っている。私が気づかぬ間に私のことを見ていてくれた。私が落ち込んで、自分がわからなくなった時、それまで見も知らなかった人が私の悩みや苦しみをじっくりと聞いて、ともに苦しみ、つらさを和らげ、私が知らなかった私の別の一面を、私の知らなかった私の力をともに探す旅を歩んでくれる。先の人は友達かもしれないし、後の人はセラピストかもしれない。

自分のことが簡単にわかってしまうのはあまりにもつまらないし、勝手に解釈されるのはもっと苦しい。性格-パーソナリティも日々、成長していく。今悩みの種のこの性格も別の場面では未来には自分にとって意味ある大切な一面となっていく。人は自分自身を知っていく歩みこそが自身が成長していくプロセスであるといいうる。私を知ることが人との関係のありようを知っていくことである。

■引用・参考文献

Allport, G. W. (1929). The Study of Personality by the Intuitive Method: An Experiment in Teaching from the Locomotive God. *Journal of Abnormal and Social Psychology*, **24**, 14-27.

Allport, G. W., & Odbert, H. S. (1936). Trait Names: A Psycho-Lexical Study. *Psychological Monographs, 47*, 211.

Allport, G. W. (1961). *Pattern and Growth in Personality*. Holt, Rinehart and Winston. 今田寛（監訳）(1968). 人格心理学 上・下. 岩波書店.

安藤寿康 (2000). 心はどのように遺伝するか―双生児が語る新しい遺伝観―. 講談社.

Cattell, R. B., et al. (1970). *Handbook of 16PF Personality Factor Questionnaire*. Champaign: IL, Institute for Personality and Ability Testing. 伊沢秀而ら（訳）(1982). 16PF 人格検査手引. 日本文化科学社.

Costa, P. T., Jr., & McCrae, R. R. (1992). *Revised NEO Personality Inventory and*

NEO Five-Factor inventory: Professional Manual. Odessa, FL: Psychological Assessment Resources.

Dunn, J., & Plomin, R. (1999). *Separate Lives: Why Siblings Are So Different.* Basic Books.

Evans, R. I. (1974). オルポートとの対話. 誠信書房 (訳本).

Eysenck, H. J. (1959). *Manual of the Maudsley Personality Inventory.* University of London Press.

Eysenck, H. J., & Wilson, G. D. (1976). *A Textbook of Human Psychology.* MTP Press. 塩見邦雄 (監訳) (1984). 心理学概論. 創元社.

Goldberg, L. R. (1990). An Alternative "Description of Personality": The Big-Five Factor. *Journal of Personality and Social Psychology,* **59**, 1216-1229.

Hall, C. S., & Lindzey, G. (1957). *Theories of Personality,* John Wiley & Sons, INC.

Haynes, S. C., & Smith, S. (2005). *Get Out of Your Mind & Into Your Life: The New Acceptance & Commitment Therapy.* Oakland, CA: New Harbinger Publications. 武藤崇ら (訳) (2010). ACT をはじめる―セルフヘルプのためのワークブック―. 星和書店.

肥田野直ら (1970). EPPS 性格検査手引. 日本文化科学社.

伊沢秀而ら (1982). 16PF 人格検査手引. 日本文化科学社.

Kretschmer, E. (1921). *Körperbau und Charakter.* Springer. 相場均 (訳) (1960). 体格と性格―体質の問題および気質の学説によせる研究―. 文光堂.

丸島令子・日比野英子 (2004). 臨床心理学を基礎から学ぶ. 北大路書房.

MPI 研究会 (1969). 新・性格検査法―モーズレイ性格検査―. 誠信書房.

MMPI 新日本版研究会 (1993). 新日本版 MMPI マニュアル. 三京房.

長尾博 (2013). ヴィジュアル精神分析ガイダンス. 創元社.

サトウタツヤ・高砂美樹 (2003). 流れを読む心理学史. 有斐閣.

Sheldon, W. H., & Stevens, S. S. (1940). *The Varieties of Temperament.* Harper.

下仲順子ら (1999). NEO-PI-R, NEO-FFI, 使用マニュアル. 東京心理.

下仲順子ら (2011). NEO-PI-R, NEO-FFI, 使用マニュアル (改訂増補版). 東京心理.

託摩武俊ら (1990). 性格心理学への招待. サイエンス社.

託摩武俊 (監修) 青木孝悦ら (編) (1998). 性格心理学ハンドブック. 福村出版.

辻岡美延 (1982). 新性格検査法. 日本心理テスト研究所.

和田さゆり (1996). 性格特性用語を用いた Big Five 尺度の作成. 心理学研究, **67**(1), 61-67.

我妻洋ら (1967). カリフォルニア人格検査 CPI―日本版実施手引―. 誠信書房.

山祐嗣・山口素子・小林知博 (2009). 基礎から学ぶ　心理学・臨床心理学. 北大路書房.

第7章

家族関係の心理

1　家族員の発達に伴う関係性の変化

　近年、「家族」をいかに捉えるかは各自の認識に任されるところが大きくなり、それぞれの家族アイデンティティが問われている。

　近代の日本では生まれ育った原家族を離れ、結婚によって新たな家族（現家族）が誕生し、世代をつないできた。近親者を含めた**拡大家族**から親子を中心とした**核家族**が多数を占めるようになり、昨今は法的手続きをしない事実婚、再婚による**ステップファミリー**＊も増加傾向にある。家族の形態は多様化しており、同性同士のカップルやシェアハウスにおいて長年ともに暮らすメンバーを「家族」だと捉える人々もいる。家族に子どもが誕生すると、それまで夫と妻であったところに父親・母親の役割が加わり、同時にその両親が祖父母となることから、親子のつながりが3世代に広がる。

　親子関係の始まりとなる妊娠・出産は、医療技術が高度化した現在においても予測不可能で完全なコントロールは難しい。Lehner, H.〔レーナー〕(1998 / 2001) は、『女性が母親になるとき』において、女性が「あらゆる種類の非合理と無意識的な理由」で出産すると述べている。「女性が」とされているが、妊娠は周囲の人たちの期待と不安を喚起する出来事であり、自ら

の親子関係にまつわる過去の出来事が蘇り、出産や育児に関する情報に影響を受けながら、様々な思いが心に湧き起こるものである。すでに出産以前から、心理的には子どもとの間に両親や祖父母それぞれの親子関係の投影を受けた関係性が展開されているといえる。

　以下に、定型発達に沿った親子関係の変化の過程を各発達段階に分けて述べるが、これらの過程は相互に重なり合いながら進んでいく。

1）乳児期（0歳〜1歳）

　胎児は母親との生物的なつながりのなかで発育し、誕生の後、1歳を迎えるまでは乳児と呼ばれる。生後一定期間は1人では生命を維持できないことから、乳児を世話する母親との関係は、母親の**原初的没頭**（Winnicott, D. W., 1957）と表現されるほど心身ともに両者が融合状態にあると考えられている。しかし、乳児は知覚を通して周囲からの刺激を受け取っており、3〜4カ月頃には誰にでも微笑みかける**無差別微笑**（Spitz, R., 1965）が認められる（第1章-1参照）。これは、乳児の世話をする親の行動を強化する報酬であり、良好なコミュニケーションの始まりとも位置づけられる。Mahler, M.〔マーラー〕（1975／1981）は、標準的な発達状況にある健康な子どもたちの直接観察によって生後6カ月頃から3歳前後までの子どもの発達を**分離-個体化過程**と呼び、子どもが親から心身ともに離れて自立に向かう心理的過程を明らかにした。親子の間に愛着関係が成立すると、**8カ月不安**（Spitz, R., 1965）と呼ばれる**人見知り**が認められ、依存対象である母親を身近な人々のなかから区別しているとみなすことができる。

2）幼児期（1歳〜5歳）

　1歳前後に1人で歩けるようになると、子どもは遠くで親が自分を見ているだけで安心して遊び続けることができるようになり、母親との「距離のある接触」を保つようになる。

　3歳前後になると、子どもは何事も自分でしたい自立願望と、まだ親に甘えていたい依存欲求のとの間で葛藤する。この時期をマーラー（1975／1981）

は**再接近期**と呼び、自立の前に母親との心理的距離が一旦近づく時期であると捉えている。自立を目指すことによって子どもの分離不安が高まり、不機嫌で情緒が安定しない状態が続く。自我の芽生えによる、いわゆる第1次反抗期であるが、母親との関係が緊張に満ちたものとなりやすいことから、父親には母子関係に新たな局面をもたらす重要な役割が期待される。このように、分離−個体化が進み、3歳頃には**第2の誕生**（Mahler, M., 1975 / 1981）と呼ばれる個体化が成し遂げられる。

　この時期、親は育児を通して自分がどのように育てられたかを振り返ることとなる。特に、祖父母が育児を援助する場合、双方に過去の体験の再演が生じる可能性があり、それらの修正の機会にもなりうる。親の心のなかに乳幼児期の葛藤的な体験が想起されると、子どもが自分を困らせようとして泣いていると感じるなど、子どもに対してネガティブな投影が働くこともある。「ほどよい母親」（Winnicott, D. W., 1965）として機能できるために周囲からの適切なサポートが望まれる。

　乳幼児期は「子育て」に親がもっとも直接的に携わり、親子がともに行動することが多いため、家族の凝集性の高い時期である。積極的に育児に参加する父親は「イクメン」と呼ばれるが、母親と対等に育児を担うというよりは手伝う立場に甘んじているのではないかとの批判もある。企業等における長時間労働は改善の気運はあるものの、父親の育児参加を大きく阻んでおり、**ワンオペ育児**（ワンオペとは、ワンオペレーションの略で、コンビニエンスストアなどで1人の従業員がすべての仕事を担う勤務形態。家事、仕事、育児などをほとんど1人で行うこと）と称される長時間にわたる母親単独による孤独な育児は、子どもの発達への影響とともに母親の**育児不安**や児童虐待のリスクを高めるなど、親子関係への影響は非常に大きい。子育て世代の女性就業率の落ち込みが示すように、出産・子育てを契機に離職し、社会で活躍する機会を手放し、自己実現の過程を中断することも育児に対する葛藤を高めており、少子化の背景を成しているとみなすことができる。

3）児童期（6 歳〜12 歳）

　小学校入学に始まる児童期は、学習を中心とした生活への適応が求められ、知能や運動機能など知的・身体的な発達とそれに伴う心理的な発達が進む。子どもは、年齢の近い集団内で他者との関係の広がりや深まりを体験し、自分との共通点を見出して親友を得る。常に行動をともにし、強い一体感を特徴とする**ギャングエイジ**と呼ばれる同性の友人関係が親子関係よりも優先され、親に対して秘密を持つことも始まる。秘密は子どもが自らの心の内を守る強さを持つようになった表れであり、親子がそれぞれ別に行動する時間が増すなど、家族の凝集性が徐々にゆるやかになっていく。

　この時期、子どもたちが新しく獲得した価値観を**家族文化**に照らし、親が家族の境界を柔軟に保ちながら受け止めることによって、子どもは視野を広げて成長して行く。同時に、家庭外の文化の取り入れは、家族全体に変化をもたらし、**家族の発達**を促す契機となる。小学校は地域活動の拠点の1つである場合が少なくないことから、家族が子どもを通じてコミュニティとの新たな接点や活動の場を獲得することも可能である。

4）青年期　前期・後期（10 代半ば〜20 代前半）

　青年期前期は思春期とも呼ばれ、第2次性徴を含む急激な心身の変化のなかにあることから、疾風怒濤の時代ともいわれる。自己の器にあたる身体の変化は、自らに目を向けるとともに他者からの視線にも敏感になり、自分がどのような人間で何ができるのかを自問し、アイデンティティの確立、すなわち個として自立する課題に本格的に取り組み始める。自立の課題を成し遂げる意欲の高まりによって、親からの援助や見守りを疎ましく感じ、親子の会話がほとんどなくなることも珍しくない。完全な自立を目指すあまり、他者からの一切の援助を拒絶することも認められるが、それは自立ではなく、孤立に他ならない。自立とは、実は**ほどよい依存**を意味しており、今の自分に可能なところは自らの手で行い、力の足りないところは一旦誰かの力を借りて取り組み始め、力を借りる必要がなくなれば独力で成し遂げるものであ

る。

　友人との距離感は、親からの**分離不安**を相互に鎮める意味を持ち、**チャムシップ**と呼ばれる一体感の強い関係から、次第に相互に違いを認めながら友情を保つ対等な**ピア**の関係へと移行する。近年、青年期の長期化が指摘されており、30代前半を青年期とする見解もある。いずれにしても、青年期前期は対人関係や集団適応、後期にはアイデンティティ形成上の困難が臨床症状のきっかけとなりやすい。自立の課題はこの後、人生で何度かめぐってくるため、この時期に持ち越された課題は後の段階で取り組むことになる。

5）成人期　前期・後期（20代半ば～65歳頃）

　成人期の心理・社会的課題である職業やパートナーの選択は、自立の証であるとされてきた。一般に、自分が生まれ育った**原家族**を離れ、自らが選んだパートナーとともに**現家族**を作り上げる時期だとされるが、家族の形態が多様化し、もはや結婚のみが現家族の起点ではない。しかし、子どもを持つか否かは一定年齢までに決断する必要があり、人生の大きな選択肢だといえる。

　成人期後期になると更年期障害と呼ばれる心身の不調や定年退職に代表される社会的役割の変化、子どもたちの祖父母である親世代の健康問題や介護など、人生のまとめに向かう課題が生じてくる。ちょうど子どもが自立の課題と格闘する時期と重なることも少なくないため、親子ともに移行期にあることが不安定な家族状況を生み出し、潜在的に存在していた家族内の問題が表面化しやすくなる場合も認められる。

6）老年期　前期・後期（65歳頃～）

　Erikson, E. H.〔エリクソン〕(1973 / 1981) は、65歳前後からをライフサイクルの最終段階であり、自我の統合を発達課題とする「老年期」であると定義した。超高齢化社会の日本は、男女とも平均寿命が80歳を超えており、人生100年時代といわれる現在、老年期の長期化は人生の最終段階の定義とその課題とを見直す必要に迫られている。

高齢者による「年をとって誰かに迷惑をかけたくない」との語りには、他者からの援助なくして生活できないことへの抵抗感が示されている。加齢による衰えに認知症や身体疾患による能力や健康の喪失が加わると、回復には限界があり、老年期にも自立をめぐる課題が存在しているといえる。第1子出産年齢の平均が30歳を上回る現在、子育てと親の介護が重なる事態も生じており、高齢の夫婦同士の**老々介護**や介護による疲労による心身の不調も家族関係における大きな課題である。

2　親子関係における臨床的課題

　一般に、親は子を慈しみ、育てるものだとされているが、現実には多くの例外が生じており、親子関係に治療的介入を要する事態は、深刻さに程度の差はあっても珍しいことではない。極端な場合には事件化することもあるのは周知の事実である。このような関係の歪みはなぜ生じるのだろうか。

　親子関係に悩む人たちが自らを定義した**アダルトチルドレン**（Adult Children, AC）という言葉が1990年代に日本で広がり、関連図書が多数出版された。この呼び名は1980年代にアメリカでアルコール依存症者を親に持つ子どもたちが、自分自身の生きづらさが親子関係のなかで身につけた考え方や行動様式によるものだと認識し、自ら命名したものである。それまでの苦しみが、選択の余地のない親子関係に由来していると認識できたことで強い自責感情から解放され、心にゆとりが生まれて新たな生き方を模索することにつながった。他方、この用語が客観的基準に基づき、他者が決定する診断とは異なり、自認による社会的概念である点や、この言葉による免責性が自己責任の放棄であるとの批判も巻き起こった。その後、ACの社会的認知が広がるにつれて、家族員がそれぞれの役割を十分に果たすことができず、家族関係が機能不全に陥っている家庭で育った子どもたちもACを自認するようになっている。

　近年、家族の機能不全は、様々な社会的条件に恵まれた一見何の問題もない家族にも生じることが知られている。子どもの問題行動や臨床症状は、家

族相互の関係を見直す必要性に迫られていることを示している。両親それぞれと子どものジェンダーによる組み合わせをもとに、機能不全の影響を考えてみたい。

1）父-息子の関係

Freud, S.〔フロイト〕（1909 ∕ 1969）は、精神分析の立場から父と息子との関係について、父を殺し、母をめとった物語、ギリシア悲劇「オイディプス王」にちなみ、**エディプスコンプレックス**＊という概念を提唱した。男児が3歳〜4歳になると、母親に対する性的欲求を伴った愛着を持つようになり、父親に嫉妬や憎しみを抱くが、父親もまた愛着の対象であるために自らの敵意を父親によって罰せられる恐れ、すなわち去勢不安を抱くというものである。フロイトは、エディプスコンプレックスの解消が性格形成や性同一性に強く影響を与えると考えており、男児がエディプスコンプレックスを抑圧して父親と同一化するか、父親への敵意を放棄して母親に同一化し、父親に愛されようとすることのいずれかであると考えた。

現代の日本においては、家父長制の衰退や長時間労働による父親の家庭における影響力の低下などから強い父性を体現する父親像が珍しくなっている。父親と息子が力を競い合う構図をいずれかが回避すると、もっとも身近な男性である父親が、乗り越えるべき壁や目標にはなりえず、親への依存の解消をめぐる自立の課題の達成に大きな影響を与える。自立に向かう葛藤の行動化が、親に対する子どもの暴言や暴力による**家庭内暴力**であり、葛藤回避の結果が意欲の喪失や、自らの将来像を描けず、現実から退却してしまう**ひきこもり**＊や**ニート**（NEET＊, Not in Education, Employment or Training）などにつながると考えられる。

2）母-息子の関係

精神分析学者古沢平作は、日本人の親子関係に特有な心性があると考え、仏教説話に自身の解釈を加え、**阿闍世コンプレックス**＊（古沢, 1932）を提唱した。息子が母親に向けた敵意が受け止められ、予期に反してその罪が当の

母親によって許されることにより、息子の心の内に「申し訳なさ」に彩られた罪悪感が生じて容易に解消されず、限りなく許す母親からの分離が難しくなるというものである。常に許しを得られる保護的な世界は、家族外の他者との関係において成立することは稀であるため、痛みを感じる可能性のある現実との接触を避け、慣れ親しんだ安全な世界を離れられなくなる可能性が生じる。不登校や場面緘黙（かんもく）などの一部は、このような自立や分離の課題を親子ともに回避することに根差していると考えられる。

　他方、仕事に就き、社会に適応していても**パラサイトシングル**（山田, 1999）と呼ばれる、基礎的生活条件を親に依存し、幼少時と変わらない家族形態が長期間維持されることもある。息子の自立による家族員の喪失を回避し、親が親役割を手放さない、双方の自立や親子の分離の問題が背景にあると考えられる。８０５０（はちまるごまる）問題と呼ばれる中高年のひきこもりは、80代の親と50代の子どもが同居し、経済的に親に依存している状況が典型例である。実数調査は今後行われるが、相当数が見込まれており、親の介護問題によって家族状況が明らかとなり、親の死亡により経済的困窮が発生するなど、深刻な社会的問題となっている。

3）父-娘の関係

　フロイト（1905 / 1969）によるエディプスコンプレックスと対になる概念として、Jung, C. G.〔ユング〕（1913）は父と娘の関係性について**エレクトラコンプレックス**＊を提唱した。ギリシア神話に登場するエレクトラは、夫の遠征の間に不義の関係を持ち、幼い弟を殺めようとした母親を許さず、父親の仇をとったという物語がもとになっている。ユングは、4歳～6歳頃の女児は、父親に対する愛着によって母親への敵意と競争心を持つと考えたが、フロイト（Freud, S., 1931 / 1969）は、男女とも母親への愛着がその前の発達段階で成立しているため、女児が完全に母親を敵視することはないと考えて賛同しなかったと伝えられている。

　娘と父親との関係は、娘が第2次性徴を迎えた頃から大きく変化する。自らが女性性を自覚させられる経験に伴う異性への関心の高まりは、父親を男

性として意識することにつながり、男性に対する羞恥や恐れが入り混じった感情を父親に対しても向ける。その複雑で制御しがたい感情を回避するため、父親を遠ざけようとすることなどがあるとされている。

父親は、娘の内的世界における男性イメージの原点となるが、家族として同居を続けることが親子の性的関係の抑止につながっていると考えられている（山極, 2012）。しかし、昨今では子どもに対する実父を含む性的虐待の発覚も認められる。被害者である子どもに対する早急な安全確保や治療的介入

表 7-1　摂食障害の主な分類
（摂食障害 医療ケアのためのガイドより抜粋、日本摂食障害学会, 2019）

神経性やせ症 （Anorexia Nervosa）	必要量と比べてエネルギー摂取を制限し、年齢、性別、成長曲線、身体的健康状態に対して著しく低い体重にいたる。自分の体重や体型の体験の仕方（ボディ・イメージ）における障害、体重増加に対する強い恐怖、病気の深刻さに対する認識の欠如及び（もしくは）体重増加を妨げる行動が見られる。
神経性過食症 （Bulimia Nervosa）	過食エピソード（比較的短時間のあいだに大量の食物を食べ、その間は食べることを制御できないという感覚が伴う）と、排出・代償的行動（自己誘発性嘔吐、下剤や利尿剤の乱用、インスリンの不適切な使用、過剰な運動、ダイエット薬の使用など）がともに平均して 3 ヶ月にわたって少なくとも週 1 回は起こっている。
過食性障害 （Binge Eating Disorder）	代償行動を伴わない過食エピソードが、平均して 3 ヶ月にわたって少なくとも週 1 回は生じている。過食エピソードは以下と関連：通常よりずっと速く食べる、身体的に空腹を感じていないときに食べる、苦しいくらい満腹になるまで食べる、および（もしくは）後になって抑うつ気分、自己嫌悪あるいは罪悪感をもつ。
他の特定される食行動障害または摂食障害 （Other Specified Feeding and Eating Disorder）	上記のいずれの診断基準にも当てはまらないものの、食物摂取の制限、過食や排出行為など、特定の食行動の障害が重要な特徴として見られる。
特定不能の食行動障害または摂食障害 （Unspecified Feeding or Eating Disorder）	摂食障害行動はあるが、いずれの分類にも特定されない。
回避・制限性食物摂取障害 （Avoidant / Restrictive Food Intake Disorder）	カロリーおよび（もしくは）栄養の摂取の制限によって、著しい体重減少や栄養不良、栄養補助剤への依存、あるいは心理社会的機能の著しい障害があるものの、体重や体型へのとらわれはない。

は当然であるが、虐待の加害者には虐待に至る複数の要因があることから、処罰するのみならず、治療的な介入による再発防止が重要である。

4）母−娘の関係

　娘にとって母親は、もっとも身近な女性であることから、憧れと同一化、そして批判と反発の両極を常にはらんだ関係性が展開する。母と娘が非常によく似た髪形や服装をする**友達親子**は、この対立的側面が否認されることによって成立しているとも考えられる。**摂食障害**（表7-1参照）は、あらゆる年齢や性別に生じる可能性はあるものの、児童期後期から青年期の女子に比較的多く認められ、30代を超えて結婚後も症状の継続を見る例も珍しくない。生命を脅かす心身の合併症を伴い、食をめぐる深刻な病理であることから、母娘関係の臨床的課題の中核をなすともいえる。摂食障害の生じる親子関係は、一見、仲がよいように見えることも少なくない。しかし、仲のよさは娘からの強い依存による心理的な一体化であり、年齢に見合った自立が成し遂

事例：家族とのつながりを回復したＡさん

　Ａさんは幼い頃から両親のいいつけをよく聞く素直な子どもだった。年の離れたきょうだいがいるため、仕事を持ち、忙しそうな母親に負担をかけないように何事も自分で対処してきた。希望の高校に入学以降、目まいや頭痛、居場所がない感覚が頻繁に起こるようになり、Ａさんは我慢しながら登校を続けていたが、ある日学校で倒れてしまった。保健室の養護教諭と話すなかで、Ａさんが学校生活や体調不良について家族の誰にも一切話していないことがわかった。初めてＡさんの体調が悪く、つらい思いをしていたことを知り、驚いた母親は心療内科の受診をＡさんに提案した。治療が開始され、親子の会話が増えてＡさんの体調は少しずつ回復し、それと同時に母親に対する好意や拒否感が同時に心のなかに湧き起こり、戸惑いを感じている。

　親子関係について　事例のＡさんが体調不良に陥った経緯について考えてみよう。また、青年期の親子関係の特徴について考察してみよう。

げられない関係性が浮かび上がる。密着した母娘に生じる様々な感情は、両者の関係をより離れがたいものにしており、母親は、時に娘を自分の分身であるかのように感じ、娘を通して自分の成し遂げられなかった人生を生きようとしているとも意味づけられる。

現代まで語り継がれた昔話には、実母が亡くなり、継母に娘が虐げられたり、殺されそうになったりする物語が洋の東西を問わず存在する。悪役は継母であるが、実は子どもを慈しむ母性性と、若さに溢れる娘に羨望を抱く女性性という母親のなかにある2つの側面が描かれているとも捉えられる。

3 　家族における問題の捉え方

家族を研究対象とする家族心理学は、発達心理学と臨床心理学の知見を生かし、実践的な臨床活動のなかで発展してきた。家族のあり方には、親子だけではなく、夫婦やきょうだい同士、家族を取り巻く他者との関係も影響を与えている。家族を1つの有機的なまとまり、すなわち1つのシステムとして捉え、治療的介入を行う臨床技法として**家族療法**がある。個人を対象とする個人療法では問題や病理をあくまでも個人に帰するものとするが、家族療法は家族システムの病理が家族員の1人に現れたとみなし、その家族員を**IP**（Identified Patient：**患者としての役割を担う人**）と呼んでいる。家族をシステムとして捉えると、家族員同士の生物・心理・社会的な諸条件による要因、すなわち**力動**（dynamism）が複雑に作用しており、家族内に生じるすべての出来事が相互に関連を持ちながら循環していることが理解できる。実際に、家族のなかで起きた問題には、原因を特定し、その結果としての解決を求める「因果的思考」は適用が難しい。複数の原因と結果が円環的に関連して問題が生じていると捉える「円環的思考」がシステム論の中核をなすことから、個人に生じた問題の原因を求めて悪者が作り上げられることがなく、家族全員が問題解決に何らかの役割を果たすことができると考えられる。

このように家族を1つのシステムとしてアプローチする治療技法は、アメリカを中心とした家族研究のなかで発展し、1960年代から様々な学派に分

◎アクティブラーニング演習◎

　家族との関係について考えてみよう。
1. 幼い頃と今とでは、親との関係はどのように変化したか。
2. 兄弟姉妹との関係はあなたにどのような影響を与えたか。一人っ子
　である場合は、兄弟姉妹のいないことが自分のどのような特徴や傾向
　に結びついているか。

かれて実践を重ねてきている。臨床例としては、フロイトが初めて子どもを
対象として精神分析を行った「ハンスの症例」(1909) に遡るともいわれてい
る。精神分析は、個人の精神内界の問題を取り扱うため、原則的に家族が治
療に直接関与しないが、この5歳の少年の馬恐怖症の治療は、精神分析療法
の原則に反して父親を通じて行われた。フロイトが父親との間に治療関係を
継続したのは家族療法を意図したのではなく、子どもの心に取り入れられた
親イメージを取り扱うことによって治療を進めるためであった。図らずも、
家族を治療枠のなかに直接組み入れる方法は、その後、教育分野や司法矯正
分野において、親と子どもそれぞれの担当者が協力のもとに心理療法を行う
親子並行面接の形式に移行して臨床的成果を挙げ、1930年代には家族研究
へと発展した。1940年代には Sullivan, H. S.〔サリバン〕(1945 / 1976) が統
合失調症の発症に母子のコミュニケーション障害の影響があるとし、
Fromm-Reichmann, F.〔フロム - ライヒマン〕(1948) は「統合失調症をつ
くる母親」という用語を発表するなど、母親の性格特性と子どもの精神病理
との関連に関する研究が中心であった。1950年代には研究対象が父親やそ
の他の家族員に広がり、1956年には Bateson, G., et al.〔ベイトソンら〕
(1956) が統合失調症の家族研究を行うなかで、コミュニケーション上の言語
内容と表情やしぐさなどの非言語的内容が矛盾するメッセージを同時に受け
取り、葛藤状態に陥る「ダブルバインド」が特に母子間で繰り返し行われて
いると指摘した。そのような情緒的な混乱を引き起こす経験の積み重ねが統

合失調症の発症に関与しているとの見解を示したといえる。しかし、現在では、親子関係のみが発症要因ではないことが知られており、生物学的要因など最先端の科学技術による医学研究が進められる途上にある。

　家族とは、家族員にとっての拠り所であり、何らかのつながりを終生保ちながらも、分離の時が訪れるという相反する側面が共存する構造を持つ集団である。そのため、家族内に様々な葛藤が生じ、当事者だけでは解決できない場合も珍しくない。自らの家族について考えることは、その背景をなし、常に変化し続ける社会や時代に目を向けることにつながるといえる。

■引用・参考文献

Bateson, G., et al. (1956). Toward a Theory of Schizophrenia, *Behavioral Science*, 1, 251-264.

Black, C. (1982). *It Will Never Happen to Me! Children of Alcoholics: As Youngsters-Adolescents-Adults*. Medical Administration Co. 齋藤学（訳）(1989). 私は親のようにならない―アルコホリックの子供たち―. 誠信書房.

Erikson, E. H. (1973). *Toys and Reasons: Stages in the Ritualization in Experience*. Norton. 近藤邦夫（訳）(1981). 玩具と理性―経験の儀式化の諸段階―. みすず書房.

Freud, S. (1905). *Drei Abhandlungen zur Sexualtheorie*. 懸田克躬（訳）(1969). 性欲論三編　フロイト著作集5. 人文書院.

Freud, S. (1909). *Analyse der Phobie eines fünfjahrigen Knaben*. 高橋義孝・野田倬（訳）(1969). ある5歳男児の恐怖症分析　フロイト著作集5. 人文書院.

Freud, S. (1931). *Über die Weibliche Sexualität*. 懸田克躬（訳）(1969). 女性の性愛について　フロイト著作集5. 人文書院.

Fromm-Reichmann, F. (1948). Notes on the Development of Treatment of Schizophrenics by Psychoanalytic Psychotherapy. *Psychiatry*, 11, 263-273.

Jung, C. G. (1913). *Versuch einer Darstellung der Psychoanalytischen Theorie*. (Fruche Schriften IV). Water Verlag. 1982.

古沢平作 (1932). 罪悪意識の二種―阿闍世コンプレックス―. 精神分析研究, 1(4), 1954.

Lerner, H. (1998). *The Mother Dance: How Children Change Your Life*. New York: HarperCollins Publishers. 高石恭子（訳）(2001). 女性が母親になるとき―あなたの人生を子どもがどう変えるか―. 誠信書房.

Mahler, M.（1975）. *Psychological Birth of The Human Infant.* New York: Basic Books. 高橋雅士・織田正美・浜畑紀（訳）（1981）. 乳幼児の心理的誕生―母子共生と個体化―. 黎明書房.

日本摂食障害学会（2019）. AED 医学的ケアのためのガイド第3版（日本語版）.

Spitz, R.（1965）. *The First Year of Life: A Psychoanalytic Study of Normal and Deviant Development of Object Relations.* New York: International Universities Press.

Sullivan, H. S.（1945）. *Conception of Modern Psychiatry.* New York: W. W. Norton. 中井久夫・山口隆（訳）（1976）. 現代精神医学の概念. みすず書房.

Winnicott, D. W.（1957）. *Mother and Child. A Primer of First Relationships.* New York: Basic Books.

Winnicott, D. W.（1965）*The Family and Individual Development.* London: Tavistock Publications.

山田昌弘（1999）. パラサイトシングルの時代. ちくま新書.

山極寿一（2012）. 家族進化論. 東京大学出版会.

第8章

男女関係の心理

到達目標

1. 男であること、女であることの心理について学ぶ
2. ジェンダーとセクシャリティについて学ぶ
3. 恋愛、結婚について考える

1　男と女の心の特徴

1）男と女とは何か？

　「男らしい！」「かわいくて女の子っぽい」などといった言葉を使った経験は誰にでも一度くらいはあるだろう。「男らしさ、女らしさ」について学生の皆さんはどのように捉えているのであろうか。21世紀には生活スタイルの変化とともに男女差についての認識は大きく変化しつつあるが、日本においては、男性には「力強さ、積極性、リーダーシップなど」が、女性には「優しさ、受容性、控えめ、上品さなど」が求められ育てられてきた。

　男女それぞれの性格特性やその心理については、様々な心理学者たちの多くの調査研究があるが、まずはじめに私たちが考えるところの「男」や「女」とは一体何を指すのかを確認しなくてはならない。まず世界共通認識である男女差とは身体の差である。いわゆる生物学的な性であり、これを心理学ではセックスと呼ぶ。鈴木・柏木（2006）はセックスとは「遺伝学的・解剖学的・生理学的・生物学的に女性（female）あるいは男性（male）を特徴づける指標・特性」として定義づけている。これに対して生まれつきの性別に基づ

117

いて社会的に形成された性別を**ジェンダー**と呼ぶ。「男女それぞれにふさわしいと期待されるパーソナリティ、興味、関心、外見、ふるまい、役割、行動形式などのありかた。ジェンダーは文化や社会によって構築される性であり変化するものである」（鈴木・柏木, 2006）。すなわち周囲の人々から「男なら強くて力持ちだ」「女なら優しくてお上品だ」などと期待されるような性格や行動、役割などのうえでの性別のことを指す。私たちはしばしばこのセックスとジェンダーの用語を知らずにまぜこぜにして、「女の子は世話好きで男の子は大したことでは泣かない強いものだ」と、あたかも生まれる前から決まっていたものとして思い込んでしまっている。

　脳科学者のなかには、右の脳と左の脳との間を結ぶ脳梁が男子より女子のものの方が明らかに太く、これらが男女の行動様式の違いを生むのだと指摘する研究者もいる（Ingalhalilar, M., et al., 2014）。しかしこれについても諸説様々で解明されたわけではないという。

　本章ではこうした性差についての2つの用語があること、これらはある程度分けて考えることが必要であること、しかしこの2つを全く別の次元のものとして弁別していくことはきわめて困難なことであるという3つの認識を持って男女関係について考えてみよう。

2）男性の心理

　日本では、男児の節句には家のなかに兜が飾られる。これはまさに日本男児を象徴する「強くたくましく戦いに勝ち抜ける者」が幼い男の子に無意識的に植えつけられるように社会が成り立っていることが明らかである。「男が泣いてよいのは3回だけ。1回目は自分が産まれた時、2回目は母親が亡くなった時、3回目は自分が死ぬ時だ（3回目は諸説様々）」などといって、日本男子は人前で泣くことをとりわけ禁じられてきた。

　1970年代から1980年代の期間の「男性性」についての文献を総括的に検討したDoyle, J. A.〔ドイル〕（1989）は、男性のジェンダー役割には、①女々しくない、②成功する、③攻撃的である、④性的な関心が強い、⑤独立心が強いの5つの要素があり、男性の立場や時と場合によって、各要素の重要性

や価値の度合いが変化することを指摘した。

　伊藤（1996）は日本の男性性の特徴について「優越志向」「所有志向」「権力志向」としてまとめている。簡単に述べれば自分が他者より優れていることを確認したい気持ち、よいとするものを所有したい気持ち、権力を重要視したい気持ちが男性におおむね共通してあるということである。1955年、日本で初めての男性相談のホットラインを創設し、数々の男性からの相談を聞いてきたという濱田・『男』悩みのホットライン（2018）は男性の悩みの背景に共通して見えてくるものに、「かくあるべし」の縛りがあると指摘している。男性は女性に比べ、より「強さ」「タフさ」を求められ、小さい時からプレッシャーをかけられ続け、それが内在化され脅かされているにもかかわらず、本人がその縛りを自覚できないでいるという。例えば物心ついた時から「泣くな」「弱音を吐くな」「負けるな」「たくましくあれ」「頑張れ」などとプレッシャーをかけられ続けた結果、感情はできる限り抑圧して思考の世界に浸り、結果を出すことに対する執着が育つなどと分析する。確かに日本の男性は、生まれながらにして（あるいは胎児の時点からも）、本人の適性を見る前にすでに「男性として」期待されていることがあり、幼少期から自分でも気づかぬうちに心身ともにそれに合わせるような努力がなされている。しかし全員にそうした期待通りの未来があるわけではない。成人になってうまく成果を出せないでいると、自己肯定感が揺らぎ、健康に育つはずであったプライドが深く傷つけられるということが起きる場合がある。自分の能力や適性に見合った自己像に本人が満足しなければ、非常に苦しいのだが、これを言語化し他人に伝えたとすれば、ますます「泣きそうになって他人に弱音を吐く情けない負け人間」としての自分に対峙せざるをえないという事態になり、がんじがらめになって、また自分を縛ってしまうということなのであろう。

　日本の自殺は多く、なかでも男性の自殺率は高い割合を占めている。内閣府男女共同参画局（2012）が行った意識調査からは、「死にたいと思ったことがある」と答えた未婚男性は約30％もいる。男性の何らかの事情による死にたいほどつらい思いは女性より高いようだ。心の健全な発達が阻害されたまま、情緒表出をしたり弱音を吐かず日本経済成長の担い手としてひたすら

働くが、やはりうまく成し遂げられず大きなプレッシャーがかかった時には、行き詰まってもはや死ぬことにしか希望を見出せなくなるのではないだろうか。

　こうした背景があってか、男性は他者からの賞賛や物事の順位番付に女性よりも非常に敏感で、他者との関係においても自分が相手より強いか弱いか、できるかできないか、などの判断を即座に行う傾向にあり、弱音を吐くような相談関係は避けてしまう。女性に対しても、いかに相手から「上位ランキングづけ」されるかを重視する。また男性特有の性的なエネルギーといかに付き合っていくかも大きな課題として突きつけられる。青年期においては特に自分の性衝動をいかにコントロールし対峙していくかは、女性との関係性や心の問題とは切り離せぬ大きな課題となっている。

3）女性の心理

　女性といえば「女性はかつて太陽であった」という**平塚らいてう**＊（日本の思想家、評論家、女性解放運動家）の言葉が思い起こされる。また、女心といえば「女心と秋の空」ということわざも挙げられる。大学生の皆さんにはどんな言葉が連想されるであろうか。最近は男子中高生や大学生からも「女子は怖い」「女子は面倒だ」といった言葉を聞くことが多くなった。社会の変遷に従ってジェンダーも変遷していくが、「女性の心理」は昨今大きな変革があったといえよう。社会的には家制度によってはく奪されていた女性の権利は次々と帰還され、女性にも多くの権利があることが当たり前の社会になりつつある。時に**ガラスの天井**＊（Ryan, M. A., & Haslam, S., 2005）があって女性の社会進出が暗黙のうちに邪魔されていることもあるが、男性と同等の学歴や就職をすることができることが当たり前の権利として主張でき、女性たちは自分の生き方について幅広く選択ができるようになった。男性以上にその能力を発揮し活躍している女性は実際のところ数え切れないほどの存在になってきている。最近、男性は声が高くなり女性は声が低くなってきているという身体的な変化もあるということだ。

　男性と同様に女性に対しても、物心がつくうちから、「かわいらしい」「美

しい」「上品であれ」といったことが両親や社会から要求されることが多い。そのせいか女の子は小さい時からおしゃれに興味があり、自分がかわいいかどうかに関心が向く。少しでもかわいく見せて周囲から認められ、自分も満足しようといった気持ちが男子よりは強く表れる。小さい女の子でもネックレスやリボンに関心が行き、自分に似合う髪形にも敏感だ。50代以上になってもアンチエイジングを心がけ、エステやダイエットなどの話題に関心が向く。また、生物的側面において、女性は「妊娠出産」ができるところが男性とは全く違う。1カ月に一度は「生理」といった生理的現象が表れ、自分が肉体的に「女性」であることと向き合わねばならない。約1カ月周期で変化する（ホルモンバランスによる）身体の変化に影響を受けながら過ごすことが求められ、身体変化に伴い心理的な影響も受け気持ちが落ち着かなくなってしまったり、特に原因などないのに落ち込んでしまったりすることが少なからず起こってくる。

　また女性は、仕事は何をするか、常勤かパートか、もしくはしないで専業主婦でいるか、結婚はするか、子どもは欲しいのかなどと社会的な選択肢が男性より多いともいえよう。選択肢が多いために葛藤は常につきまとい、情報を調べ、自分の指向、価値観や資源と照らし合わせたり、他者と情報交換や相談を行ったりするという経験を積み重ねていく。女性は自分の身の周りに起きたことを他者に事細かく話していくうちに、自ら心のなかの葛藤を整理し、同時に他者からのアドバイスや応援を受けて解決方法を見出し、解決しなくとも自分のやるせなさを理解し、共感してくれる他者の存在でうまくいかない状態を許容し我慢できる。しかしこのプロセスのなかで自分と違った価値観や考え方の他者の存在には敏感で、受け入れてしまうと自分の葛藤が膨らんでしまうために感情的になったり、挙句の果て拒絶し仲間割れに至る場合も男性より多い傾向にある。こうした経験を積み重ね、さらに他者との距離感や他者が一体どういう人であるかの感性が磨かれていくともいえる。その分、男性と比べるとコミュニケーション能力やピンチな時の対処法を自然と身につけていくように幾分柔軟に成長していくということが考えられる。

4）LGBT とは何か？

　これまで男女ということを掲げて、その差を概観しながらその心理を記述してきた。しかし人間は多種多様だ。この章の最初に書いたように「男だから○○」「女だから××」などと人間を二分化してしまえば、このすべてが多様な時代に、そこにはあてはまりにくい人々が出てきて当然だ。私たちのなかには身体的には「男性」だがジェンダーとしては「女性」であるという人々も多くなってきている。そもそも男女といったくくり方が根本にあるためにこのようなこの 2 つに収まり切らない人々が出てきて当然とも思えるが、このあてはまりにくい人々を LGBT と呼ぶ。LGBT はレズビアン、ゲイ、バイセクシャル、トランスジェンダーの頭文字をとった言葉だが、一般的にはこれら 4 つのカテゴリーに限定しない、多様な性的指向（性的魅力を感じる性別）と性自認（自分の性別に対するイメージ）のあり方を表すために使われており、全人口の 3 〜 5 ％存在するといわれている（OECD, 2019）。これらの人々を**性同一性障害** * として「心と身体の性別が一致しない」精神障害として診断が下される時もあるが、これには現在では様々な立場からの賛否両論がある。また、近年では性的指向と性自認はすべての人々に関わる問題であるといった立場から、「SOGI（性的指向と性自認＝ Sexual Orientation and Gender Identity）」という言葉が使われることもある。こうした性的指向と性自認は、本人の意思や努力によって変えることはできない。2020 年度、お茶の水女子大学に続いて奈良女子大学の 2 つの国立大学が、戸籍上は男性だが「心の性」が女性であるトランスジェンダーの学生を受け入れると発表した。今後もこうした人々に対する社会的配慮がますます増えていくことが期待される。

　まだまだ社会では認知されにくく、差別や偏見を受けやすいため口外する機会がないまま孤独に過ごしている場合が多い。口外したが家族から拒絶感を持たれ外出禁止をされてしまったり、社会生活が困難になる場合も少なくはない。このため病院に行くのをためらってしまい、がんなどの早期発見ができず、見つかった時には相当深刻な状態になっているということもある。

　カウンセリングに来談した健さん（仮名）の訴えを読み、苦しい思いにつ

いて考えてみよう。

事例：男性を好きになってしまった青年の苦悩 (架空)

【26歳男性　健さん】うつ状態にてカウンセリングを希望して来談

　「好きな人がいるがふられるのを恐れてしまって告白することができないという状態が続いているうちに、すっかり自信がなくなってしまった。振り返れば自分は何をやってもうまくいかなかった。小学校の時から、女子と遊ぶ方が安心し楽しかったが男子にからかわれることも多かった。勉強を頑張って志望した大学に入学できたものの、好きな人ができて何もかも手につかぬようになってしまいどんどん落ち込んでしまった。もう生きていけないようなそんな気持ちとなった」。このように、カウンセリングで、泣きながらこれまでのつらかったことをたくさん話した。

　しかし、人より優れている点や誠実で優しい性格のため友人からの信頼も厚く、本人が抱いている不幸な感覚との間に大きなギャップがあるようにもカウンセラーには思われた。カウンセリングが進んでいくうちに、好きな人というのは男性で親友であったということを恐る恐る打ち明けてくれた。告白しうまくいかなかったら変に思われるうえ、大切な友人もなくしてしまうという不安から身動きができなくなったのだ。

　「振り返れば、自分が男性であることに小さい時から違和感があって、母親から『男の子なんだから、めそめそ泣いていたらだめよ』と強く叱られた。そのような時でもがまんするが、どうしても大粒の涙がこぼれ落ちてしまって母親の残念そうな顔を見るのがつらかった。小学校の時も女の子たちと教室でおしゃべりをしたり、折り紙をしたりしたかったのに、先生に『男なら体を動かしてこい』などといわれてしぶしぶ運動場に出ないといけなかった。男子トイレに入るのに嫌な気持ちがある。更衣室で服を着替える時も他の男子のように何も隠さず裸になるなんて抵抗があり過ぎて吐き気がする。そんな時に男の親友を好きになってしまった。告白したい気持ちが強くなってきたら、自分って何だろう、頭がおかしいのじゃないかと怖くなってしまった。このまま生きていてもつらいことばかりがあるのではないかと思ってしまう」。

（プライバシー保護のため複数事例の複合例である）

---

2 男女関係について考える

1）恋愛とは何か？

　「恋愛」といえば、男性と女性がお互い惹かれ合い他の関係とは違った2人だけの世界を作っている状態を想像するだろう。歴史に残る絵画、小説や詩や映画においても、「恋愛」をテーマに芸術家は数々の名作を生み出している。「恋愛」というものが存在し、人の心を動かし湧き立てて様々なものを生み出すようだ。心理学者もまたこのような人間の心の状態をあらゆる角度や手段によって分析を行ってきた。

　恋愛心理学で代表される実験としてよく取り上げられるのは、Dutton, D. G., & Aron, A. P.〔ダットンとアーロン〕(1974) によるつり橋実験である。同じ女性インタビュアーが渓谷にかかるつり橋と固定された橋の上で、1人で渡ってきた青年に橋の真ん中で声をかける。調査協力を承諾した人にTAT図版を見せて物語を作ってもらう。その後「もう少しこの実験について説明をしたいので関心があれば電話をください」と電話番号を教えると、固定の橋よりも、つり橋で話しかけた青年の方から多く電話がかかってきたというものである。これはつり橋を渡っていた青年の方が、つり橋を渡るスリルで生理的に興奮しており、こうした興奮は一目ぼれする時の興奮と生理的に酷似しているというのだ。様々な異論も上がってはいるが、何かテンションが上がっている時（例えばお化け屋敷やジェットコースターを体験している時）に近くにいる異性に惹かれる可能性が高いといったことをこの実験から導いている一般書は多く見受けられる。この古い実験が長く引用されているのは、生理的な興奮状態と恋心は切り離せないものとして多くの人が認識して納得する結果であるからともいえるであろう。

2）恋愛の分類

　恋愛の分類としてはカナダの心理学者 Lee, J. A.〔リー〕(1977) が代表的

である。リーの恋愛類型とは
4000 以上ものデータや面接分
析から愛の主要な類型があるこ
とを発見し、これらの愛の主要
6 類型（love stiles）を図 8-1 の
ように円形に作成した。色相環
になぞらえたため、その理論を
「愛の色彩理論」とした。**エロ
ス**は美への愛であり外見を重視
し恋愛至上として捉える、**スト
ルゲ**は友愛・友情的な愛であり
自然に長い時間をかけ育成され

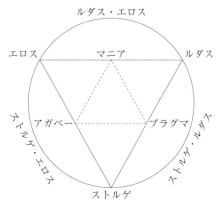

図 8-1　リーの愛の主要 6 類型
(Lee, J. A., 1977)

るものとして捉える、**ルダス**は遊びの愛であり、恋愛を楽しむものとして捉
える、**マニア**は熱狂的な愛であり、独占欲が強く激しい感情で相手に執着す
る、**アガペー**は愛他的な愛として相手のことを優先し見返りを求めない、**プ
ラグマ**は実利的な愛で恋愛を自分の地位の向上の手段と捉えている。この他
にも愛情の三角理論（愛情には親密性、情熱、コミットメントの 3 要素から構成され
ている概念であるという理論）など多数の理論やそれに対する検証がある。

3）二次元の恋愛

　リクルートブライダル総研による 2015 年のインターネットによるアン
ケート調査によると、「独身者において交際経験がない人は女性 18.6 ％、男
性 29.6 ％となっており、特に 20 代男性の交際経験がない人の割合は高く
41.9 ％に及ぶ」という結果が出ている。この結果と関係があるかは定かでは
ないが、最近「恋愛は二次元で十分間に合っている」という人々も少なから
ず出てきた。アニメ文化の発展が影響したためか、実在する人物よりはアニ
メの世界にいる人物に好意を寄せ、まるで付き合っている相手のように空想
し、お話しする方が楽しいというのだ。アニメの登場人物があたかも生きて
いるかのように自分に笑顔を向け語りかけてくる。自分の願望や欲望、空想

を展開しその世界に浸る。傷つけられることも憎まれることもない安全で幸せな世界の展開がそこにはある。生身の人間との関係性を築き上げることに対してはそれなりの覚悟が必要となって一歩が踏み出せなくなっているのではないだろうか。

4）恋愛に至るまでの人間の行動

恋愛を始めようとするにはまず好感を持てる異性と出会い、さらには自分の魅力が相手に伝わることが必要だ。相手が自分をどのように捉えるかに着目し、それをコントロールしようとする行動を自己呈示（Leary, M. R., & Kowalski, R. M., 1990）という。これと恋愛とを関連づけた心理学実験の多くの結果から「魅力的な異性を前にすると私たちは相手の好みや価値観に影響を受けて自分がどういう人間であるかを説明したり、そのような人間であるように振る舞ったりする」ということが明らかとなっている。ファッション、しぐさ、性格から始まってものの考え方や価値基準まで、自分にとって魅力的な異性の理想と一致した人間であるかのように振る舞い、行き過ぎるとうそまでついてしまうというものだ。

5）大学生の恋愛行動

実際、恋愛行動に至った場合の大学生の恋愛事情はどのようになっているのであろうか。松井（2000）は、図8-2のように日本の大学生の恋愛行動は5段階に分けられるという長期にわたる調査結果を示した。20年前には性的行動は第5段階にあったが2000年の調査では第4段階に下がったが、たわいもない友愛的な会話から打ち明け話や相談事をし、プレゼントの後でデートをし、友人に紹介、セックスを経て結婚の約束をするというプロセスに変化は見られないと報告されている。

恋愛についての心理学的な調査や実験はあらゆる方向からなされており、どれをとっても多くの知見を与えてくれる。恋愛に至る心理、恋愛を成功させる技術、揺らぐ恋愛関係をいかに修復させるかの方法論、失恋を癒す技術等々、実際場面に役立つ心理学者の様々な研究成果を調べてみよう。

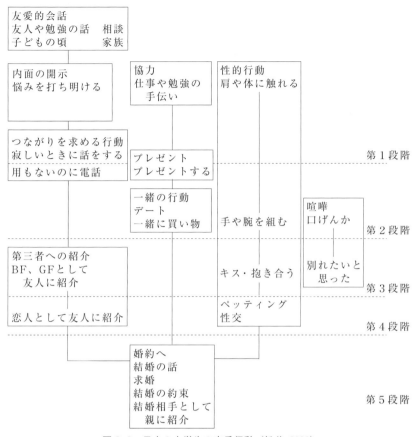

図8-2　日本の大学生の恋愛行動（松井, 2000）

3　結婚とは？

1）現代の結婚事情

　結婚では、恋愛のようにお互いの素敵なところに着目するという求め合う関係から、生活をともにし様々な課題や困難を乗り越えるために協力し支え合う関係への変革が求められる。そのなかでさらに相手の魅力を発見し、お

互いを認め合い支え合える関係を育み、円満な家族関係へと発展させることが、いわゆる理想的な結婚であるのかもしれない。

　我が国では女性は結婚によって自らの名字も変えて、夫の家の家族として家事育児を行うことによって生活をしてきた。そして男性も家事育児をすっかり妻に任せて仕事を生活の中心に据えて家族のために稼いできた。そのような役割分担が日本経済や子育て環境を支え発展させてきた。しかしここ20年間は大きく変遷し、女性が男性同様に外の世界で稼ぐことができるようになり、一変した。また、鈴木・柏木 (2006) は「婚前交渉はタブーであった時代から性の解放が進んだこともあいまって、結婚は配偶者間の愛情や心理的安定など心理的な機能に集約され、結果として結婚のメリットは大きく目減りした。現在では結婚の晩婚化、未婚化そして恋愛結婚が主流となっている」という。特にメリットもないが、恋愛相手とのよりランクアップした

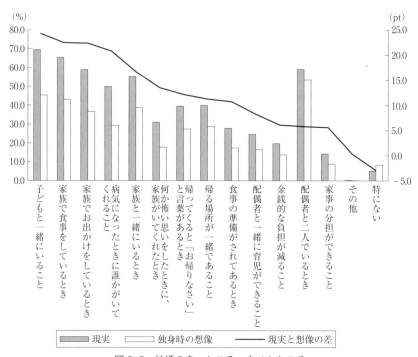

図 8-3　結婚の良いところ、幸せなところ

愛情到達点を結婚として捉えたり、いわゆる「おめでた婚」で、妊娠したために結婚せねばならないといった状況ができたりして、結婚に至る場合が最近は増加している。

リクルートブライダル総研による2015年の調査では「結婚の良いところ、幸せなところ」(図8-3)について、独身時代の想像と結婚後の現実を既婚者に比較してもらった結果、「結婚後の現実」の喜びの方が「結婚前に想像したもの」よりも高く、なかでも家族との関わりの項目において幸せ度が高いという結果が報告されている。

２）夫婦の危機

残念なことに急速に離婚率は増えつつある。2018年の厚生労働省による人口動態統計の調査によると、離婚率は約35％、3組に1組が離婚している計算になる。また不倫に走る人は500万人といわれ、家庭を脅かす深刻な問題となっている。

では離婚に至らないようにはどうしたらよいのであろうか。臨床心理学の分野においては、離婚の危機に瀕した夫婦を対象としたカップルセラピーの臨床心理の専門家が、アメリカを中心に活躍している。Johnson. S.〔ジョンソン〕(2008 / 2014) による**感情焦点化療法**＊(emotionally-focused therapy) では、Bowlby, J.〔ボウルビー〕(1969 / 1976) による愛着理論をベースにして夫婦関係を捉えている。愛着理論とは、社会的、心理的な発達には、子どもと養育者との間に一定の親密で安定した関係が必要であるとした有名な理論であ

╔══╗

◎アクティブラーニング演習◎

1．男性であって損したこと得したこと、女性であって損したこと得したことを各自振り返ってみよう。

2．恋愛対象として、結婚相手として、異性に求める条件について考えてみよう。

╚══╝

る。ジョンソンは夫婦関係においてもこの愛着理論が汎用されると捉えた。
かつては愛し合った夫婦が危機状況に陥った時に、安全基地であったパート
ナーを失う不安と恐怖でパニックを起こす。パートナーに対する非難は死に
物狂いの愛着の叫びであり、分離に対する抗議であると捉える。そうした夫
婦のネガティブなやり取りの背後に潜む愛着欲求などを明らかにし、特別な
情緒的反応を促す会話を夫婦が適切に行えるよう支援をすることをセラピー
のなかに取り入れている。

　また、Pines, A. M.〔パインズ〕(1996 / 2004) は、愛の始まりから終わり
までの愛と燃え尽きのプロセスを分析し、精神分析や行動療法などの**統合的
心理療法***によるカップルセラピーを行っている。パインズの「愛と燃え尽
きのモデル」のベースには「恋に落ちる」ことが必要条件であるとした。恋
愛を信じている人は、恋愛が人生に充実感を与えることを期待する。しかし
カップル（夫婦）が 2 人の関係を深化させ、ともに生活をしていく過程にお
いては、ストレスの多い環境（客観的事実の環境だけではなくそれぞれがイメージ
した主観的イメージも含む）に置かれる機会に多々遭遇する。こうした環境は、
カップル各々が期待したことや夢を実現するのを妨げる。もはや「恋愛の期
待」が満たされない時となり、ひどい失望を引き起こし、相手への愛と関わ
りの腐食が生じ、最悪の結果は、燃え尽きであり、「愛の死」に至る。つま
り、燃え尽きの原因は、「パートナーの性格や行動ではなく、状況のストレ
スによる愛の理想の破壊である」と捉え、夫婦がそうした状況に気づき、破
局の責任者として相手を責めることにストップをかけることからセラピーが
始まると指摘した。

3）夫婦の理想像

　Fromm, E.〔フロム〕(1956 / 1991) は「二人の人間がそれぞれの存在の本
質において自分自身を経験し、自分自身から逃避するのではなく、自分自身
と一体化することによって、相手と一体化することなのである」と愛につい
て論じている。また日本を代表する精神分析家の小此木 (1991) は男女関係
について以下のように述べた。「真の一対一の愛と性の相互作用の世界にた

どりつくにはなかなか時間がかかる。本当の意味で男女が性と愛の世界で二者関係を豊かに楽しむことができるためには、個人差が大きいにせよ、一生かかってたどりつけるかどうかと言えるほどの長く豊かな経験と、心の成熟が望まれる」。

　真実の愛は相当な人間性の成熟性が求められ、とても崇高でたどり着けそうにないようにもとれる。一方カップルセラピストによる理論を概観すれば、様々な人生の課題を夫婦2人で各々の様々な社会生活を切り盛りし、時にはぶつかりながらもそれをともに乗り超え、振り返れば各々の心が成熟し、人生をより豊かに感じることがかなえば、夫婦そして男女関係として到達点に達したといえるのではないだろうか。

■引用・参考文献

Bowlby, J. (1969). *Attachment and Loss Vol.1 Attachment*. London: Hogarth Press. 黒田実郎・大羽蓁・岡田洋子（訳）(1976). 母子関係の理論①愛着行動. 岩崎学術出版社.

Doyle, J. A. (1989). *The Male Experience*. 2nd ed. Iowa, Wm: C. Brown Company Publishers.

Dutton, D. G., & Aron, A. P. (1974). Some Evidence for Heightened Sexual Attraction Under Conditions of High Anxiety. *Journal of Personality and Social Psychology*, **30**, 210-517.

Fromm, E. (1956). *The Art of Loving*. 鈴木晶（訳）(1991). 愛するということ. 紀伊國屋書店.

濱田智崇・『男』悩みのホットライン（編）(2018). 男性は何をどう悩むのか. ミネルヴァ書房.

Ingalhalilar, M., et al. (2014). Sex Differences in the Structural Connectome of the Human Brain. *Proceedings of the National Academy of Sciences of the United States of America*, **111**, 823-828.

伊藤公雄 (1996). 男性学入門. 作品社.

Johnson, S. (2008). *Hold Me Tight*. 白根伊登恵（訳）岩壁茂（監訳）(2014). 私をぎゅっと抱きしめて. 金剛出版.

Leary, M. R., & Kowalski, R. M. (1990). Impression Management: A Literature Review and Two-Component Model. *Psychological Bulletin*, **107**, 34-47.

Lee, J. A. (1977). A Typology of Styles of Loving. *Personality and Social Psychology Bulletin*, **3**, 173-182.

松井豊（2000）. 恋愛段階の再検討. 日本社会心理学会第 41 大会発表論文集. 92-93.

内閣府男女共同参画局（2012）. 意識調査.

http://www.gender.go.jp/research/kenkyu/dansei_ishiki/pdf/shiryou_2.pdf（2019 年 8 月 1 日取得）

OECD（経済協力開発機構）（2019）. 図表でみる社会 2019.

https://www.outjapan.co.jp/lgbtcolumn_news/news/2019/4/6.html（2019 年 8 月 1 日取得）

小此木啓吾（1991）. ヒューマン・マインド. 金子書房.

Pines, A. M. (1996). *Couple Burnout.* 高橋丈司・岩田昌子（訳）（2004）. 恋愛と結婚の燃えつきの心理. 北大路書房.

リクルートブライダル総研（2015）. 恋愛・婚活・結婚調査 2015.

http://souken.zexy.net/research_news/love.html（2019 年 8 月 1 日取得）

Ryan. M. A., & Haslam, S. (2005). The Glass Cliff: Evidence That Women, are Over Represented in Precarious Leadership Positions. *British Journal of Management*, **16**. 81-90.

鈴木淳子・柏木惠子（2006）. ジェンダーの心理学. 培風館.

Unger, R. K. (Ed.) (2001). *Handbook of the Psychology of Women and Gender.* John Willey & Sons. 森永康子・青野篤子・福富譲（監訳）（2004）. 女性とジェンダーの心理学ハンドブック. 北大路書房.

第9章

個人と集団の心理

到達目標

1. 個人と集団との関係についての基礎概念を学ぶ
2. 集団の持つ基本的な性質を理解する
3. 自分自身と身近な集団との関係の考察から気づきを得る

1 個人と集団との関わり

　人間の多くは家族という集団（グループ）に生まれ、それを取り囲む社会のなかの様々な集団と生涯を通じて関わりを持ち続ける。日常生活においては人や動物の集まりを集団と呼ぶが、心理学では、単なる人の集まりは「集合」と呼ばれ、集団とは区別される。「集団」とは、2名以上の個人によって形成される集合体であり、集団内の規範の形成、集団を構成する成員（メンバー）間の相互作用、共通の目標と目標達成のための協力関係、集団への愛着などが認められる。

1）集 団 過 程

　集団過程（group process）とは、3人から10人前後の小規模な集団で意思決定をしたり、課題を遂行する際に認められる相互作用による対人行動や成員の心理的変化、また、成員同士の相互作用によって集団の特性が作り上げられていく過程を指す。

　この過程は、時間経過とともに変化し、一般的には集団の発達や成熟と呼ばれる方向に進む。成員間のコミュニケーションが重ねられ、相互理解が深

まると円滑な関係性が「場」を形成し、生産性が向上するなど成熟の方向に向かうが、他方では成員間の役割の固定化や変化への抵抗など、集団が新しいものを受け入れる柔軟性を失い、硬直化することがある。このような状態に至ると、集団は衰退に向かうため、変化をもたらす働きかけが必要である。

　集団の特性は、個々の成員によって作り上げられているが、特性として表れているものは成員の相互作用の総和である集団の全体性であり、先に述べた「場」や雰囲気、空気と呼ばれるものである。

2）グループダイナミクス（社会力学）

　Lewin, K.〔レヴィン〕(1947) は、人間の行動が個人とその環境の関数であると考え、「場の理論」を提唱した。人と環境の相互作用によって作り出された「場の全体性」を「生活空間」と名づけ、複数の人が集まると各個人の生活空間が重なり合い、社会的な場が生まれるとした。この社会的な場には個人と環境との相互作用のみならず、個人間の相互作用も影響を与えるため、常に変化が生じており、集団が生き物のようであると表現される所以である。その変動のあり方と法則性をグループダイナミクスと呼ぶ。

　集団や対人関係を対象としたグループダイナミクスの研究は、主に社会心理学の領域で行われてきたが、グループダイナミクスを治療的に活用する技法に集団療法、集団精神療法があり、精神医学や臨床心理学の領域においても実践と研究が続けられている。

3）集団凝集性

　一般的には集団のまとまりの強さを表す概念であるが、グループダイナミクスの分野では、「成員に対して集団内にとどまるように働く力の全体的な場」(Festinger, L., 1957) と定義されている。**集団凝集性**は、個々の成員の役割や明確な規範の設定、成員間の良好な相互作用や協力関係によって高められ、集団が目標達成に向かって成果を挙げるためには不可欠である。しかし、凝集性が高まると、集団内の**同調圧力**＊が強くなり、少数の意見や異なる見解が表現しにくくなり、拘束力の強い多様性に欠ける状況に陥ってしまう。

お互いに「空気を読む」ことをし過ぎるあまり、個々の考えや特性が反映されにくくなってしまうのである。集団内の変化は、非同調性によってもたらされ、変化を許容することによって集団の柔軟性が保たれ、成熟への道が開かれることから、集団という「場」が成員の自由をいかに保障し、維持することができるかが大きな課題である。

4）集団における個人

(1) 自己過程と内集団・外集団

人間は、集団過程のなかで個としての自己を意識し、自分が何者であるかという課題に取り組む**自己過程**を進行させながら、自らを定義してアイデンティティを確立する。この**アイデンティティ***は、自ら認めた「個人的アイデンティティ」と、国籍や人種、性別や所属集団など社会のなかで定められた「社会的アイデンティティ」の2つの側面から成り立っている。

自己の所属集団を**内集団**、それ以外の集団を**外集団**と定義して区別すると、一般に所属集団に対する肯定的な評価が生じる。これは、他の集団との比較を通して、より高い自己肯定感を得ようとするものであると説明されている。内集団は自己の同一化の対象であることから、実際には類似した集団であったとしても外集団を異質なものとして排斥したり、攻撃することも生じる。また、外集団としてひとくくりに認識してしまうと、その集団に所属する個別の成員の特性を十分に捉えられないことも起こりうる。内と外の境界を明確にすることは、集団内の安全や安定を守り、凝集性を維持するためには必要であるが、それが極端化すると偏見や無用な争いにつながる可能性もある。

クラス対抗の競技で各クラス同士が闘志を燃やすことや、人種や民族間の対立が膠着状態となることなどは上記のような構造によって生じているとみなすことができる。

(2) 自己カテゴリー化

内集団への肯定感情や態度は、**内集団バイアス（ひいき）**(Tajifel, H., & Turner, J. C., 1979) と呼ばれている。この内集団バイアスは、成員が集団に所属した当初から持っているわけではなく、個人がその所属集団の一員である自覚が

生じ、**自己カテゴリー化**が成立した後に生じると説明する「自己カテゴリー化理論」が提唱されている（Turner, J. C., 1987）。新しいクラスになり、徐々に仲のよい友人ができてクラスの雰囲気にもなじみ、自分の居場所を得た感覚を持つと、そのクラス内が多少騒がしくても気にならず、むしろ活気があり、よい雰囲気だと受け止めるようなことがその例として挙げられる。

　自己カテゴリー化は、内集団への帰属感や愛着をより一層高めるため、外集団に対する違和感や差別・偏見につながる感情を強める可能性がある。集団間の関係性が、集団内の個々の成員の自己過程に大きく影響を受けて変化することが理解できる。

2　対人コミュニケーション

　コミュニケーションとは、個人と個人、または個人と集団との間で、思考や感情など、個人の内面に生じる目に見えないものを態度や行動などの非言語、および言語を用いて伝達することである。人間の表現手段には常に無意識レベルの要素が含まれるため、言語的コミュニケーションにも「メタ言語」（Ruesch, J., & Bateson, G., 1951）と呼ばれる非言語的要素が関与していると考えられている。

　通信手段が多様化し、いつでも誰とでも交流が可能になったが、文字や映像を通じて意思疎通を行う機会も増えたため、昨今は、直接的な対人コミュニケーションへの苦手意識から「コミュ障（コミュニケーション障害）」を自称する人もいる。しかし、コミュニケーション能力などの**ソーシャルスキル***（social skill）は生得的なものではなく、社会生活を円滑に送るために発達過程で学習し、習得するスキルに過ぎない。

　コミュニケーションの機会を重ねて「慣れ」が生じること、高いコミュニケーションスキルを持つ人を観察して取り入れを行い、自分でも実際にそのスキルを繰り返して使用し、習熟することによって上達が可能である。

1）対人認知と印象形成

（1）認知的不協和

　Festinger, L.〔フェスティンガー〕は、人間の意識を構成する認知的要素の間に何らかの不一致が生じると不快がもたらされるため、その矛盾を解消しようとする行動が生じて認知や態度の変容が引き起こされるとした（Festinger, L., 1957）。この現象は、**認知的不協和**と名づけられ、他者へのコミュニケーションやその他の働きかけ、態度変容のメカニズムを説明するものと考えられている。

　例えば、難易度の高い課題を解決したいが、努力するのは気が進まない場合、課題の達成に関する態度が矛盾している。この不協和を解消するために「この課題は実は価値がない」「無駄な努力はしない方がよい」などと合理化して取り組まないことなどがそれにあたる。

（2）印象形成

　Asch, S. E.〔アッシュ〕は、複数の特性を読み聞かせ、その内容から連想される人物像を書き出させ、印象を評定する**印象形成**に関する実験を行った。その実験を通して、他者に関する最初に得た情報の影響によって印象が異なる「初頭効果」が認められ、情報を知る順番によっても印象が異なる「提示順序効果」があることを発見した（Asch, S. E., 1951）。一般に、第1印象が大切であるといわれるのは、初頭効果の存在が根拠になっており、この原則に従うと、否定的な情報の衝撃を低減する工夫として、肯定的な度合いの高い情報から提示することが効果的であると考えられる。

　類似した現象として、先入観によって影響を受ける**期待効果**や、否定的な情報が肯定的情報よりも大きな影響力を持つ**ネガティビティバイアス**が日常場面において認められる。前者は思い込みによる誤解が生じる現象を説明するものであり、後者は否定的な情報によって不安が刺激されることによる影響がいかに大きいかを理解することに役立つといえる。

　また、印象形成への影響が大きい条件や情報となる「中心特性」と、さほど影響を与えない「周辺特性」があるとされている。例えば、「多弁で頼り

になる人」と「物静かで頼りになる人」とでは、随分印象が異なる。「多弁」や「物静か」の部分のように印象形成においてもっとも中核的な性格特性が中心特性、その他の特性が周辺特性にあたる。しかし、すべての人に有効で画一的な特性が存在するわけではない。年齢、性別、職業など、ターゲットを絞ったマーケティングが行われるのは、消費行動がこの中心特性に基づいて促進されると考えられているからである。

(3) ハロー効果

　他者が望ましい、あるいは望ましくない特徴を持っていると、その特徴は部分的なものであるにもかかわらず、その特徴への評価が、相手に対する全体的な人物評価に影響を及ぼすものである。容姿などの外見上の魅力や、学歴や職業によって性格や能力を推し量ってしまうことなどがそれにあたり、**ハロー効果**と呼ばれている。

　具体的には、容姿の整った人は、他の面でも同様に優れているとのイメージを他者から投影され、様々な人からより一層好意を寄せられることがそのよい例である。

(4) ステレオタイプ

　ステレオタイプとは、ある特定の集団に対してあてはめられた紋切り型のイメージや信念である。日常生活は多くの情報に溢れており、私たちは情報を選択するために自らがこれまでに得た情報や知識を活用するが、それがステレオタイプであった場合、導き出される結論は偏りや意味づけの誤りを伴うこととなり、偏見や差別につながる可能性が高い。

　人種や国籍、年齢、性別、社会階層、学歴や職業などの他に、ひきこもり、障害者などの社会的カテゴリーにもステレオタイプが適用されやすい傾向が認められる。このステレオタイプは、各個人がそれぞれ持つ信念やイメージであると同時に、同じ文化や時代に共通の認識がある点も大きな特徴である。

　「日本人はシャイである」「中年女性は厚かましい」など、あてはまる人もいればそうでない場合もあることをよく認識し、時折自分がステレオタイプに陥っていないか見直すことが求められる。

2）対人魅力

　他者に対して個人が抱く好意や嫌悪、または関心は、**対人魅力**と呼ばれている。対人関係を形成し、発展させる際に対人魅力は重要な役割を果たすため、これまで心理学領域で様々な研究が行われてきた。対人魅力を規定する要因に関する代表的な理論には、次のようなものがある。

（1）強化理論

　一般に、人は自分に好意的で良好な関係を持てることを予期させる相手を好み、逆に罰を与えられたりすることを予想される相手には否定的感情を持つというものである（Berscheid, E., & Walster, F., 1969 / 1978）。すなわち、自分が好意を持つ相手とはよりよい関係が展開する可能性が高く、好意を持たない相手との関係性に対しては消極的となるため、最初に予期したように良好な関係を持つことが難しくなるといえる。

（2）社会的交換理論

　対人関係を経済活動の取引と同様に捉え、人は、利益とそれにかかるコストとのバランス、すなわち対人関係におけるコストを最小限にして、できる限り多くの報酬を得られるようにしていると説明する理論である。この時、対人関係に要する心理的負担や時間はコストと捉えられ、安心感や満足感など心理的な報酬がむしろ重要である。また、経済的取引とは異なり、常に報酬が大きく、コストを上回ればよいというわけではない。相手との関係性によって求められる報酬とコストとのバランスが異なり、例えば、恋愛関係においては好意を寄せる相手から、期待以上に過大な好意を向けられたり、常に一体感を求められたりすると、かえってその関係に対する満足度が低くなってしまうとされている。恋愛に関しては、報酬とコストとがほぼ一致しているか、報酬がややコストを上回っている場合に関係性満足度が高くなる結果が報告されている（Walster, E., et al., 1978）。お互いの働きかけによって二者関係を深めていく恋愛においては、二者間に行き交うものが質・量ともに大きく異ならないことが結びつきをさらに強め、関係性への満足度を高めるといえる。

（3）バランス理論

　人間は、感情、行動、認知の3要素を最大限バランスよく保とうと動機づけられていることを前提に、対人的な認知がこの3点のバランスに影響を受けて決定されているとするものである。

　共通の趣味を持つ相手とは感情や行動に共有できる点が多いことから好意が生まれやすく、良好な関係を発展させることが容易に感じられる。援助行為は、援助対象者に対する関心に裏づけられていることから、その感情を援助者が認知することで援助対象者に肯定的な感情を抱きやすくなるといえる。

3）リーダーシップの理論

　集団の成員の役割は、**リーダー**と**フォロワー**に分類することができ、リーダーは集団内で特定の役割があり、フォロワーはその他の成員である。レヴィン（Lewin, K., et al., 1939）は、リーダーシップを次に述べる3つの類型に分類し、民主型リーダーシップが作業の質や成員の意欲、チームワークに有効な行動がもっとも認められると結論づけた。

（1）専制型リーダーシップ

　リーダーが意思決定、作業手順を指示する役割をとり、集団を統率して積極的にけん引する。指導的役割を強く発揮するタイプのリーダーである。成員が従順にリーダーに従うと能率よく短期間で成果を上げることができる。また、未熟で不安定な集団には依存を引き受ける強い存在が大きな安心を与えるため、このようなタイプが有効である。

（2）放任型リーダーシップ

　成員の自主性に任せて、自らは積極的に関与しないやり方をとるリーダーである。そのため、個々の成員の積極的な活動が妨げられず、自由度が高いが、何事も成員相互の自主性に任されているため、自分の責任を軽減するために相互に責任を押しつけ合って徐々に生産性が低下したり、頑張りを認められる機会もないため意欲が高まらない事態に陥ってしまう可能性も高い。放任型のリーダーの下で一定の成果を維持しようとすれば、それぞれの成員の積極性や自覚の強さが求められ、依存的な集団にはもっとも不向きである。

（3）民主型リーダーシップ

　リーダーは成員それぞれの考えや意見を引き出し、それらを集約して合議により何事も決定するやり方をとる。個々の成員が、自らの意見が集団に反映されていることを実感して所属感が高まる。合議である点から、集団内の友好的な関係が展開されるが、時には成員間の意見の相違から対立が生じたり、意思決定が迅速に行われないことも見られる。しかし、長期的には生産性は質・量ともにもっとも高く維持される。

3　集団からの影響

1）社会的促進と社会的抑制

　Allport, F. H.〔オルポート〕は、社会的場面における他者の影響を調べるため、単独場面と集団場面との2つの実験状況を設定した。そして、被験者に刺激を与えて連想を行う単語連想課題と、ある特定の出来事などに対する多様な考え方の表出を求める意見創出課題を行った。両者の結果を比較し、集団場面の作業量が単独場面を上回ったことから、他者の存在が刺激となって課題の遂行量を高めることを実証した（Allport, F. H., 1920）。

　日常の授業場面では自主的に発表をしない子どもが、授業参観で保護者がいると、他の子どもたちと同様に手を挙げることがある。他者が存在し、見られていることが課題遂行を促進する**観察者効果**によるものであるといえる。同じ課題を行う他者の存在が遂行量を高めることは、**共行動効果**と呼ばれ、教室の学習場面で教師が与えた課題に取り組む場合、子どもたちが速さや量を競い合うことなどが挙げられる。

　逆に、他者の存在によって遂行が低下する現象は、**社会的抑制**と名づけられており、集団で課題を行う場合、他者の努力を期待して各個人が力を出し惜しむことによって**社会的手抜き**と名づけられた現象が生じることがある。

2）向社会的行動と反社会的行動

　人間の行動は、内発的または外発的動機づけを契機に生起するが、同一内容の行動であっても文脈によってその意味づけは異なる。体験授業のなかで学校の校庭で枯葉を集めて燃やすことは、文化や危険について学ぶ学習と意味づけられる。だが、多数の人の行き交う場所で同じことをすれば、それは危険行為以外の何物でもない。単によい行動、悪い行動があるのではなく、その行動が他者との関係のなかでどのような意味合いを持つかが重要である。

（1）傍観者効果

　向社会的行動の研究の契機となったのは、1964 年、ニューヨークで起きた若い女性の刺殺事件であった。帰宅途中に暴漢に襲われた状況を 38 名が目撃していたにもかかわらず、誰 1 人として援助や通報をしようとしなかったのである。その原因を探るため、社会心理学の様々な実験が行われ、援助を要する状況にたくさんの人がいると、誰もが他の人が援助するだろうと考えて、かえって援助行動が抑制されてしまうという状況要因が発見された。この現象は**傍観者効果**と呼ばれている（Latane, B., & Darley, J. M., 1970 / 1997）。

事例：学校場面における対人イメージ

　英語科の教育実習生として母校の中学校に通い始めた大学生は、英語の授業中、やる気のない態度の中学 3 年生の男子生徒が気になった。茶髪で制服を着崩しており、数人の友人と休み時間はふざけ合っているが、授業中はノートをとらず、眠そうにぼんやりしてばかりいる。話しかけてみたところ、be 動詞の活用が全く理解できていないことが判明し、時間をとって説明すると「そういうことか」と理解を示した。ある日、廊下でこの生徒とその仲間に囲まれて話をしていると、体育教師が慌ててやってきて、大声で「お前たち、何してる！」と叫んだ。教師は、大学生が何か取り囲まれて困っていると思ったようであった。

　教育現場は、学年ごとに教育目標の達成が求められ、個別の多様なニーズに対応することが難しく、対人イメージが固定化しやすいといえる。

（2）向社会的行動

　向社会的行動とは、他者の利益になることを意図した自発的行動である。**利他的行動**ともいわれ、ボランティア活動や募金活動、災害時の救援活動などの**援助行動**がその代表的なものである。

　向社会的行動に関する研究の成果として、援助行動は他者に関心を向け、共感すること、援助者自身の感情、援助を要する状況に対する判断など、複数の要因に関わる選択の結果、援助行動に至ると結論づけられている。先の傍観者効果が生じたことからわかるように、向社会的行動は状況をどのように認知したか、また規範意識や道徳的観念などの認知的要因の役割が大きいと考えられる。

（3）反社会的行動

　反社会的行動とは、他者を身体的・心理的に傷つけ、損なうような「攻撃行動」がその代表的なものであるが、すべての**攻撃行動**が反社会的なわけではなく、誰かを守るために戦う際、行動そのものは攻撃行動であるが、他者に対する援助行動の側面を持つ。そのため、どのような文脈でその行動が生じたのかを判断して意味づける必要がある。

　攻撃行動は、怒りや欲求不満など、すでに内面に持っていた感情に何らかの刺激が加わって行動化されることも少なくないため、感情要因との結びつきが指摘されている。近年、脳科学の研究知見から前頭葉機能の低下や障害が生じると、衝動や欲求の抑制困難に陥ることが知られており、人格の未熟さとする解釈とともに脳機能の機能不全だと捉える見解も示されている。

3）その他の集団からの影響

（1）集団極性化現象

　何かの抗議運動を行う集団のように集団内の指向や目的が同一であったり、ファンクラブのように共通の嗜好を持つ場合、集団をなすことによって個々の態度や感情の偏りが相互に刺激されて強まり、容易にコントロールできない状態に至ることがある。集団の暴徒化などが典型例であり、**集団極性化現象**と呼ばれる。

(2) グループシンク

　専門性が高く、社会的地位や権威を持つ人々が集まって協議したにもかかわらず、情報の隠蔽や事実の否認などが生じて非常に不適切な結論を導き出す場合がある。個々の成員の高い能力が集団としての決定に生かされないことを**グループシンク**（groupthink）と呼ぶ。過去に社会的損失を招いた政策決定、災害や大事故の原因究明と対応の際などにこのような事態が生じており、集団過程が徐々に歪んでいくことに気づき、修正できなければどのような集団にも同様の現象が生じる可能性がある。

4　集団の臨床的活用

1）集団療法（グループワーク）

(1) 集団療法の歴史

　1905 年、ボストンの内科医 Pratt, J. H.〔プラット〕が重症の結核患者のグループに講演を行ったことが集団療法の始まりだといわれている。また、イギリスの医師ジョーンズ（Jones, M., 1953）が心気的状態に陥った傷病兵の治療を行うために、人体の生理機能について講義を行ったことも集団療法の歴史のなかに位置づけられている。自分自身の病気や症状について学び、主体的に治療に取り組み、再発を予防することが可能になることから、現在の**心理教育**＊と同様の意図を持って行われたと考えられる。その際、ジョーンズは、患者同士や患者と家族、患者と友人との関係が治療過程に大きな影響

を与えていることに気づき、集団精神療法の実践が始まり、理論化が進められていった（鈴木, 2014）。

(2) 集団療法とは

集団での活動は、すべて**集団療法（グループワーク）**と呼ぶことができる。集団で作品を作ったり、身体活動を行ったり、何か目的を持って集まった人が一定の活動をともに行う幅広い概念である。学校で行われる学校行事や地域で取り組まれている様々な活動は、活動そのものだけでなく、参加者同士の交流や親睦を深めることも目的とされており、集団療法としての意味合いが認められる。

集団療法の行われる場所は、屋内外を問わず、時間も活動に合わせて設定され、1回だけ開催されるものから複数回継続開催されるものまである。また、成員が固定していることもあれば、その時々に希望者が参加して毎回異なる場合もあり、主催者の意図や参加者の要望に従って様々な形態がとられる非常に自由度の高いものだといえる。

2）集団精神療法（グループサイコセラピー）

(1) 集団精神療法とは

集団精神療法は、集団療法のなかの1つの技法であるが、治療を目的として構成された集団で行われ、場所と時間と成員があらかじめ決められている。そして、①言語を用いた相互作用であること、②患者同士、患者-治療者などメンバー間の関係の発展や変化を治療過程とすること、③グループの成員は4～5人以上、30人くらいまでであること（鈴木, 2014）と定義されている。実際に集団を構成すると、言語による相互作用だけでなく、集団内で身体活動や物を用いた交流を伴う場面を含み、それが治療的な意味を持つ場合も少なくないが、あくまでそれは集団療法であり、言語を媒介とする集団精神療法とは区別される。

集団精神療法が始まった初期には、**神経症水準**＊の患者を対象としていたことから、7～8人の患者に対して1～2人の治療者が治療にあたることが標準的であった。しかし、集団の大きさについては、近年、集団精神療法の

対象と目的に見合った人数とすることの重要性が、臨床的な実践を通して知られている。少人数の5〜6人の場合、相互の存在をたやすく確認できるため、他者から見られている感覚が成員に生じやすく、その圧迫感から緊張が高まる可能性がある。10〜20人の成員で構成された集団は、その意味では他の成員の陰に隠れて静かにいるだけの参加の仕方も可能であるといえる。集団精神療法は、成員と治療者との相互関係が治療過程となり、集団の大きさは直接的に治療の有効性に影響を及ぼすことが知られている。研究と実践の積み重ねのなかで新たな知見が得られることも多く、病態水準などの外的条件に捉われず、集団精神療法の目的を熟慮し、成員の性質、特徴等を把握して集団を構成することが求められる。

(2) 集団精神療法の治療的意義

　集団精神療法の治療構造の最大の特徴は、治療を目的に参加する患者はもちろんのこと、治療者もまた集団の成員であることから、治療者による一方的な治療ではないところである。Sullivan, H. S.〔サリバン〕の対人関係論に基づく立場をとるYalom, I. D.〔ヤーロム〕(1970) は、集団精神療法の治療的意義について表9-1に示した11の要因を挙げている。これらは、主に集団に参加したメンバーの内的世界に生じることによる個別の変化であるが、集団精神療法を進めていくためには、治療者が治療構造、すなわち集団精神療法の場と時間をしっかり守る役割を果たすことが重要である。そのうえで集団内に生じる様々な過程に参加し、同時に、集団内で何が生じているのかを観察し、感じ取り、考察し、理解したうえで、それらを適切な形で集団に返す役割を果たす必要がある。

　現在、集団精神療法は精神科領域での実践から、社会福祉、教育、司法、産業領域等にも広がっている。目的と意図を持って作られた集団は、自然発

表9-1　ヤーロム（1970）による集団精神療法の治療要因

1. 希望をもたらす	7. 模倣・学習・修正（生活技能、対人関係など）
2. 普遍的体験	8. 表現・カタルシス
3. 受容される体験	9. 相互作用・凝集性
4. 愛他的体験	10. 共有体験
5. 情報の伝達	11. 実存的体験
6. 現実検討（自己確認、自己評価）	

生的にできあがった集団とは異なる性質を持ち、集団の全体性がその周囲の人や場に影響をもたらすような出来事が生じている。人間は、常にいずれかの集団に所属し、そのなかで生きていく。集団における成員同士の関わりは、時に傷つきや不快な体験につながることもある。しかし、過去のつらい経験は、集団への信頼を回復した時、豊かな実りにつながる可能性を秘めている。

■引用・参考文献

Allport, F. H. (1920). The Influence of the Groups upon Association and Thought. *Journal of Experimental Psychology*, **3**. 159-182.

Asch, S. E. (1951). Effects of Group Pressure upon the Modification and Distortion of Judgements. In Guetzknow, H. (Ed.). *Groups, Leadership and Men*, Carnegie Press.

Berscheid, E., & Walster, F. (1969). *Interpersonal Attraction*. Addison-Wesly. 蜂谷良彦（訳）(1978). 対人魅力の心理学. 誠信書房.

Festinger, L. (1957). *A Theory of Cognitive Dissonance*. Stanford University Press.

Jones, M. (1953). *The Therapeutic Community*. New York: Basic Books.

Latane, B., & Darley, J. M. (1970). *The Unresponsive Bystander: Why Doesn't He Help?* Appleton-Century-Crofts. 竹村研一・杉崎和子（訳）(1997). 冷淡な傍観者―思いやりの社会心理学―. ブレーン出版.

Lewin, K., Lippitt, R., & White, R. K. (1939). Patterns of Aggressive Behavior in Experimentally Created "Social Climates". *Journal of Social Psychology*, **10**, 271-299.

Lewin, K. (1947). Frontiers In Group Dynamics: Concept, Method and Reality in Social Science, Social Equilibria and Social Change. *Human Relations*, **1**, 5-41.

Ruesch, J., & Bateson, G. (1951). *Communication; The Social Matrix of Psychiatry*. New York: Norton.

鈴木純一（2014). 集団精神療法　理論と実際. 金剛出版.

Tajifel, H., & Turner, J. C. (1979). An Integrative Theory of Intergroup Conflict, *The Social Psychology of Intergroup Relations. Books Cole.* 33-37.

Turner, J. C. (1987). *Rediscovering the Social Group: A Self-Categorization Theory*. Oxford & New York: Blackwell.

Walster, E., Walster, G. W., & Traupmann, J. (1978) Equity and Premarital Sex. *Journal of Personality and Social Psychology*, **36**, 82-92.

Yalom, I. D. (1970). *The Theory and Practice of Group Psychotherapy* 3rd ed., New York: Basic Books.

第10章

夢見のメッセージ（深層心理）

到達目標

1. 夢見の歴史を通じて、心の癒しについて学ぶ
2. フロイトとユングの夢分析について理解する
3. 心理療法における夢分析の仕組みや考え方について理解する

1 深層心理学と夢

　夢とは何だろうか。「夢に過ぎない」「夢のよう」というように、夢は現実にはなさそうなことに喩えられる。その一方で、現実以上のリアリティを持つ夢を見て、心に刻まれることもある。意図せずとも睡眠中に自律的に生み出されてくる、このイマジネーションの断片にはどのような意味や働きがあるのだろうか。この章では、心理学、特に臨床心理学における夢の理解を取り上げる。なかでも、心を層構造で捉えて無意識を想定する**深層心理学**に基づく心理療法では、夢を心の支援に生かす**夢分析**という技法が知られる。ここでは夢分析の意図や背景を解説することを通じて、夢について考える。

　我々は、日々、様々な悩みや問題を抱えて生きている。すぐに解決とはいかない問題を抱えている時、心のなかでは様々な光景が浮かび、考えや感情が流動したり衝突したりしているのを漠然と感じることもある。深層心理学では、明瞭に意識されていない心の働きや内容を**無意識**と名づけ、自我意識と無意識との相互関係を捉えようとする。日常的に意識されている心の動きは自覚や気づきが伴うが、それだけでは問題の解決につながりにくい時、無意識も含む私の心全体がどのような状況になっているのかを知る手立てとし

て、夢は有益なものとなる。また夢が媒体となり無意識を含む心全体に関わることができる。夢は無意識そのものと説明されることがあるが、実際には意識水準が低下した状態での心の活動であり、自我意識と無意識との相互交流の軌跡である。

　夢は取り留めもないものから、衝撃的なもの、悪夢のようなものまであるが、意識からは自律していて意図せず現れるために、「どうしてこんな夢を見たのだろう？」と見当がつかないことは稀ではない。そのため、最近経験をしたことが記憶の断片にあったからとか、不安、怖れ、怒り、喜びなどの気分や感情を最近強く抱えていたから夢になったというふうに、思いついた因果的理由から合理的に納得することがある。また、夢占いのように、夢の吉凶や暗示的意味を判断してもらったり、夢を**象徴***的に理解しようとして、「AはBの象徴」（鳩は平和の象徴など）と記号的に1つの意味をあてはめてわかったつもりになったりする場合がある。

　こうした夢理解では意識の表層で一時的には整理がついてしまい、心全体に対しては距離を置く態度になる。これに対して、夢分析は心理療法であり、心全体に耳を傾けるために夢と向き合う。夢を介して、意識が捉えていない無意識的な心の要素と積極的に関わることで自己理解や問題解決、心の変容を目指す。心が生み出す夢には、現在の心の状況や動き、心の不具合を自己調整する治癒的な働きが見られることも多い。ある1つの態度や生き方ではうまくいかなくなった時、意識から見て、矛盾も多い夢の多義的な象徴性が与えるインパクトは大きい。

2　夢見による癒しの歴史

1）太古からの癒しの営み

　人類は太古から病の治療や悩み事の解決について、様々な風土や文化によるヴァリエーションはあるものの、いくつかの共通する癒しの営みを行ってきた。精神科医 Ellenberger, H. F.〔エレンベルガー〕(1970 / 1980) は、そこ

に現代の心理療法にも通底する特徴を捉えている。ここでは夢見とも関連の深い営みを挙げる。

　①魂の亡失と奪還。これは、睡眠中に身体から魂が遊離している時に、突然目覚めて魂が傷を負って戻らない時や何ものかに魂を抜かれた時に魂を身体に戻す治療である。②疾病物体の侵入と摘出。身体に入り込んだ異質なものを取り除く治療である。③憑依と祓魔術。身体に取り憑いたものを祓う儀式を行う治療である。④参籠（**インキュベーション**、incubation）による治療である。参籠は、一定期間、洞窟、神殿、寺社などの聖所に忌み籠もって身心を慎み、精霊や神仏を迎えられるようにする行為である。また、夢や幻想を通じて、その意思を聴くことや癒しを授かろうとするものでもあった。

　①～④のような営みを担う治療者（healer）のなかでも、シャーマン（shaman 巫師）といわれる宗教的職能者は、トランス（trance 忘我）という**変性意識状態***（Altered State of Consciousness, ASC）で**脱魂**（ecstasy）もしくは**憑依**（possession）の状態となることで、精霊・霊魂・神仏といった超自然的（超越的）存在と接触・交渉をして、託宣・卜占・予言・治療・祭儀などを行う。こうした宗教的現象を**シャーマニズム**（shamanism）という。シャーマンは巫病にかかることで、精霊の世界へ連れて行かれたり精霊に憑依されたりする**イニシエーション**体験を経て、この世界と別次元の世界とを媒介する力を帯びる。脱魂ではシャーマンの霊魂が身体を離れ、別次元の精霊の意思を聞いたり、精霊の援護を受けて別の精霊と折衝したりする。また亡失した魂を探して連れ戻す。憑依ではシャーマンの身体が依代（容器）となって憑依するものの意思を聞き、侵入や憑依による病に対応する。

　ところで、こうした別次元のものとの接触は、シャーマンのトランスだけではなく夢を媒介としても行われる。古来、夢見は魂が抜け出してどこか別の次元（異世界）に行っていると考えられ、昔話では身体から魂が鳥や虫になって出入りする話もある。また、夢で精霊や神仏など別の次元のものがやってきてメッセージを告げたり癒したりした話も残っている。前者は脱魂、後者は憑依の体験に近い（河東, 2002）。

　夢を媒介とする別次元との接触は、積極的には参籠によって行われた。な

かでも、ギリシアの医神 Asklēpios〔アスクレピオス〕の神殿への参籠はよく知られる。神殿の碑には、奉納額、姓名と出身地、病名（不妊、失明、言語障害、足萎え、腫れ物、肺病、てんかんなど）、治癒後の感謝が記されている。不妊の女性は「神が蛇とともに訪れて、その蛇と自分が交わる」などの夢見後の懐妊が伝わっている。こうした夢は、アスクレピオス神殿の部屋アバトンのクリネー（寝椅子）に横たわって得られた。

　この「クリネー」（κλινη, ギリシア語：寝台・寝椅子）は、臨床心理学（clinical psychology）の clinical の由来となった言葉で、神との接触によって癒しの夢を見る寝床が暗示されている。Freud, S.〔フロイト〕の**精神分析**で、寝椅子に横になって、意識を緩めながら連想のまま話す**自由連想法**も、参籠の寝椅子に連なる治癒の営みと見ることができる（Meier, C. A., 1948 / 1986）。籠もりや床は夢見の治癒機能とつながりが深く、現代の心理療法でも特別な寝床や籠もりが夢として報告されるし、子どものプレイセラピーでも遊具のなかに籠もって隠れる遊びはおなじみである。

　日本では平安時代頃から、私的な祈願のために夢のお告げを授かる参籠が広まっていた。賀茂神社、貴船神社、厳島神社、宇佐八幡宮、石山寺、鞍馬寺、清水寺、長谷寺などには、夢の霊験譚が残っている。ここで奈良県長谷寺の観音霊験譚「わらしべ長者」から夢告について考える。

説話：わらしべ長者

　昔、仕える主人もいない独り身の若くて貧しい侍がいた。長谷寺へ参って「観音様お助けください。この世でこうしているなら、仏様の前で干からびて死のう。まだ生きる理由があるなら、その夢を見るまではここを出るまい」と伏した。寺の僧は困り、交代で食事の世話をした。若者は仏前から離れずに 21 日が経った。その日の夜明け、夢に御帳から人が現れ「お前は前世の罪の報いを知らないで観音に愚痴をいい、こうしているというのはひどくおかしな話だ。とはいえ、お前の言葉を聞くとかわいそうだから、少し助けてやろう。すぐにここを出て、何でもいいから、手に触れた物をつかみ捨てずに持っておれ」と申された。そ

　主人公の若者は、霊場で身を投げ出すほど行き詰まっている。これまでに
何があり、どんな生き方をしてきたのかは定かではないので、若者のあり方
に対する夢告の意味は計り知れない。ただ夢告では、偶然最初に手に触れた
もの（藁）をつかむことが求められる。結果、その態度がよい縁や価値ある
ものを生んでいる。行き詰まりの末に生じる夢は治癒促進的力を持つことが
ある。夢分析でも、問題のただなかにある面接初期に見る夢（初回夢）には
問題解決の示唆や見通しなどが象徴的に畳み込まれていることがあり重視す
る。若者も夢告を軽視していない。通常の意識で価値が低いと思えても軽視
せず、最初にたまたま縁あったものをつかむ態度は、今この瞬間に起きるこ
との機をつかみ、人との間で起きる縁を生きる態度が生まれやすくなる。行
き詰まっているとはいえ、心身を慎んで礼を尽くすどころか、聖域で罪の報
いを顧みず居座るような若者の言葉と態度は、無遠慮で傍若無人にも思える
が、観音の慈悲深い夢告によって、傍若無人な若者の特性こそがそのまま精
錬されて生かされ、どのような場でも機をさっと捉える力に変換されたよう
にも見える。

2）夢見による集団の癒し

　個人の夢は、集団の癒しと密接に関わることがある。古来より、ある集団
（家族、部族、国家）の中心や代表となる者はその集団が持つ状況をつぶさに
感じ取っているためか、集団にとって意味を持つ夢を見て将来を方向づける
こともあった。日本であれば、国の形成とともに巫女に代わって天皇が神意
を請う役割を担うが、そこでは夢見が媒介となった。古事記や日本書紀によ
ると、国が災害や飢饉に見舞われるなど危機に陥った時天皇は「寝座・神牀

［床］」に横臥して、夢で神意を請う託宣が行われた。

　例えば、崇神天皇の時代には疫病が大流行して、国民が絶滅しそうになった。天皇はそれを嘆いて「神牀」で眠ると、三輪山（奈良県）のオホモノヌシノ大神が夢に現れて「疫病の流行は私の意思による。オホタタネコという人に私を祭らせなさるならば、神の祟りは起こらなくなり、国内も安らかになるだろう」との言葉を受けた。そこで実際に尋ね求めたら、その人物を河内国に見つけることができたという。

　「臨床心理学」の臨床とは「病や死の床に臨む」を意味するとされるが、それはこのように、神意や天意の夢を通じて生き方の転換が迫られる「神牀」に臨む側面も暗示している。また、現代でも家族や集団を代表する者（集団の長や大人とは限らない）の夢には、集団が抱えている全体状況や代表者の一面的な態度や課題、求められる態度が示唆的に現れやすい。心理療法ならば、家族や学校、会社の問題を抱えてやってきた来談者がその代表となる。

3　フロイトとユングの夢分析の特徴

　第2節で見てきた魂の病や治療は迷信や古い時代のものでなく、心の実感として現代でも見られる。現代の精神医学でも、普段の私とは異質なものの侵入を受けたように感覚や運動の機能が奪われる転換性障害や、私とは別の人格（交代人格）に入れ替わるなど自己感覚や意思の不連続状態により、人格の同一性が保てず、感情、認知、知覚、記憶の機能が変化する解離性同一性障害、自分や世界から魂が離れたかのように自己感覚や現実感覚を失い、傍観的で何にも実感が湧かない離人感・現実感喪失障害など、似たような現象が治療の対象になっている。また、トランスや夢で見られる、意識と別次元の世界は、現在の深層心理学でいう無意識と重なる側面も多い。

　フロイトは『夢解釈』（1900 / 1969）において、いわゆる夢である**顕在夢**と、「夢思考」といわれる**潜在夢**とを区別した。そして、幼児期に由来する願望（幼児性欲やエディプスコンプレックスなど）としての「夢思考」が、心的な検閲で歪曲される**夢作業**を通じて顕在夢になるとした。夢作業には、圧縮（いく

つかの要素で1つのイメージを作り上げる働き。例えば、関連する複数の人物が1人の人物になる）、アクセントの移動（重心があるところと違うところが強調される働き）、ドラマ化・視覚化（夢思考が無害なものに歪曲されて視覚化される）、象徴化（無害な象徴的イメージに変更される。男性器が、刀、鍵、ペン、塔になる）などがある。

　すなわち、夢は、抑圧された願望（欲望）が偽装されて表に出てきたものであると考えられた（偽装された願望）。そのため、夢分析では、夢見手の意識のあり方や夢についての連想に照らし、セラピストの象徴的理解を通じて、隠された幼児期由来の願望（潜在夢）を明らかにする。このようにフロイトの精神分析では、夢見手の意識のあり方や連想を参照しつつ、夢を無意識に潜在している幼児期に由来するものやセラピストとの関係に関連づけ、それらへと還元して捉える。この捉え方は、夢だけではなく、パーソナリティや行動の傾向、対人関係の持ち方にも適用され、寝椅子に横臥して連想を話す自由連想法による面接が夢分析でも行われた。

　Jung, C. G. 〔ユング〕の**分析心理学**では、現在も夢分析がよく用いられる。ユングは、夢が意識に隠され歪曲された幼児期の由来のものであるという側面よりも、**夢の補償機能**といって、夢が意識の偏った態度を補うような関係性やメッセージ性を帯びて現れてくる傾向を重視した（1968 / 1976）。そして、「幼児期由来の願望」へと還元して現在のありようを洞察していくことよりも（**因果論**的）、意識と無意識とが偏りを補い合う補償的動きを繰り返すことによって、心全体が人格の発達や成熟を通じて全体性へと向かおうとする「**個性化への衝動**」をどのように生きるかが心理療法の本質的な課題と見ている（**目的論***的）。それらは**個性化過程**や「全体性の実現」といわれるが、いわゆる日常語での「自己実現」のように、能力の開発や理想の追求など現実生活の充実に向けての努力を強調する言葉ではない。行き詰まりのなかにあって停滞したエネルギーを、心理面接という籠もりの容器のなかに能動的に内向させることになる。それにより心全体が生み出してくる、意識の一面的な態度を補償する夢イメージの体験を以って、相反するものに引き裂かれそうになっていた意識にある程度の統合がもたらされ、行き詰まりが解消される（象徴の持つ**超越機能**）。

そこでは、セラピストとクライエントの関係性が重視される。セラピストがクライエントに対する見立てと介入を行って、クライエントの変容を促す一方向の関係が成り立つと思うのは幻想であり、両者は夢などのイメージを介した共同作業によって互いが変容する関係にある（**相互変容モデル**）。また、心理療法では、両者の関係がただ夢に反映されるのではなく、クライエントの心の問題に深く触れて影響（**心的感染**）を受けたセラピストは、夢を通じて自身の心全体との関係を再構築し、その影響が今度はクライエントの意識と無意識の関係修復に反映されると考えられる。

　また、ユング派の夢分析は**拡充法**を用いる。拡充法は、夢内容と類似したモチーフを神話・昔話・民俗儀礼などに見出し、神話など人類に普遍的なモチーフを夢内容と対比することで、意識による夢理解の盲点となっていた夢の意味を補う。例えば、ある事例で「たくさんの切り取られた手首が見つかる夢」を見た人がいるとする。個人（意識）の連想では、自傷行為としてのリストカットが浮かび、過去によく手首を切っていたからかも、あるいは自傷などしたこともないのにと思う。しかし、今なぜ夢にたくさんの手首が出てくるのだろうか。こうした時に拡充法によって、昔話「手なし娘」にも結びついたとする（第1章 -3）。この物語では、娘が親に手を切断されるが、苦難ののち自分の子を助ける意思とともに手が現れる話である。手という部位は、外界と直接関わっていくものであり、心の能動的側面を象徴することがある。たくさんの手首が見つかる夢は、親に切り取られ、自分でも何度も圧し殺していた能動性や自発性を取り戻す生き方を見出し始めていることを表しているかもしれない。さらに、もしそうなら、その前後に見る夢はこの課題を遂行するヒントとなるかもしれないと見ていくこともある。

　ところで、拡充法によってつながる普遍的モチーフは、分析心理学では**元型的イメージ**といわれ、無意識下にあって普遍性と両義性を備えた**元型**（archetype）がイメージを帯びたものとされる。「親が子の手首を切り取る」モチーフはショッキングだが、象徴的に見ると、切り取られたことによって、人は、与えられた生まれたままの体ではなく、苦労して自分の人生を生きることで本当の自分の体（手）となすことができる。そうした普遍的な真実を

昔話は語り、夢は鮮烈にそれを体験させたと見ることができる。このように拡充法によって元型的で普遍的水準から夢を見ることで、問題解決の糸口が見出せる心理的問題も多い。ただ、拡充法を用いる際は、知的理解に陥ることや、普遍性の高いものへの同一化による自我肥大に注意が要る。神話の神々など普遍的で一個人の自我を超えた元型的なものは、生き方の指針や強いエネルギーをもたらすが、その分、被影響性も高い。そのため、等身大の自己感覚を維持して変容を確かなものにする構えがいる。

4　夢分析の方法

1）夢分析に必要な観点と態度

　夢分析とは、ある夢を意味づけて解釈をすると思われるかもしれないが、解釈はその一側面に過ぎない。夢分析は夢を媒介とした心理療法的アプローチ全体を指す。ここでは夢分析で必要となる基本的な観点と態度を挙げる。

　①自我機能のある程度の強さが保持されていること。夢分析を行うには、夢と外的現実や意識内容を混同せずに区別できる自我機能が前提となる。自我の現実見当識が低下した状況や、統合失調症など自我機能が脆い病態のままで、夢に意識を向けると心の均衡が崩れて混乱が起きる可能性がある。

　②意識の態度や意識状況を知る。まずはクライエントがどのような人物でこれまでどのような態度（性格傾向やものの捉え方）を持って生きてきたか、現在どんな状況や課題のもとにあるかなどを知る。同じ夢内容でも、状況の違う人では本人にとっての意味合いが違ってくるからである。

　③夢分析の導入では、その意図や目的をクライエントと共有する。夢分析は同意のもとで夢を介して話し合う共同作業である。セラピストの一方的な導入は不必要に混乱や受身性を招くこともある。

　④夢の語りを丁寧に聴き取ることで、夢に寄り添い、ありのままにそれを味わう。目が覚めた意識のもとで夢をありのままに再体験することで、夢は自我の経験となり、無意識下のものが意識と適切なつながりを回復し始める。

⑤夢から連想を広げる。夢の印象や感想に加えて、クライエントの連想をよく聴く。また、夢の展開や個々のイメージにも焦点をあて、適度な質問によって夢自体からそのエッセンスが解きほぐされてくるように聴いていく。

⑥セラピストはクライエントの意識状況、面接での語りの内容と、報告された夢内容との関連について連想や仮説を持って臨む。

⑦夢のシリーズ性に注目する。夢には繰り返し現れるいくつかのテーマがある。それがクライエントの課題となっていることもあり、その質的変化から心理状態や心理療法の進展を読み取ることもできる。

⑧**イニシャルドリーム**（初回夢）と**ターミナルドリーム**（終結夢）を重視する。初回夢は面接初期に見る夢で、心理療法の課題や展開全体が折り込まれた示唆的で展望的内容が多い。終結夢は終結の時期に見る夢で、残る課題を含み、夢を話し合うこと自体が終結への適切な作業となる面がある。

⑨夢のわからなさにとどまる。知的に理解することや過去へ関連づけて還元することで夢をわかったことにしない。わからなさやどうにもならなさを心に抱えることで、同じ課題の夢が新たな意味を持って生成される面もある。

⑩夢を、過去の対象関係や現在の治療関係の反映、話題に上がらない現在の感情の反映と見る。これらに照らして夢内容を面接に生かす。

⑪**客体水準**と**主体水準**で理解する。客体水準では、夢の登場人物を現実の外界に存在するその人物自身と見て検討する。主体水準では、私の心のなかにある、その人物像で象徴されるような傾向や性質（心的要素）が夢の人物像となって現れていると考える。ユングはこの2つの水準を示し、主体水準での解釈を重視した。2つの水準での理解は、クライエントが語る現実状況を夢のように象徴的に理解する時にも役立つ視点である。

⑫夢から喚起される連想や想像をもとに「拡充法」を用い、元型的で普遍的な水準から理解する（前節参照）。

2）夢分析の事例

ここでは、実際の心理療法における夢分析について取り上げる（工藤, 2009, 2017）（第1項　夢分析に必要な観点と態度①～⑫との関連を番号で示す）。

事例：隣室の騒音が気になって眠れない

　20代の女子大学生Ａさんは１人暮らしをしていたが、隣室の騒音が
つらくて引っ越しを何度か繰り返していた。相談室に来談した時には、
「騒音がまたひどくなり、音に敏感になって夜間は眠れない。（抑うつ状態
で）大学にも行けず、イライラして自己嫌悪になる。行く意味がわから
なくなって気がおかしくなりそう。もう退学しかない、どうしたらいい
かわからない」との相談であった。

　継続的な心理面接が始まってからしばらくののち、セラピストは夢分
析を提案した。初めて報告された夢（初回夢）は「友達に壁にブロックか
煉瓦を積めばいいんじゃないといわれて、積んでいる」というもので
あった。

　この夢についてのクライエントの連想は「困っていて、現実でもそう
考えていたので夢で見たのかも」、セラピストの連想は、壁を厚くして内
向を促進するようにという意味合いがありそう……というものであった。

　夢分析ではまず夢見手の意識状況や意識の態度を知る必要がある（②）。
事例のＡさんのように、隣人の音や態度が気になる経験は誰にでもあるか
もしれないが、生活全体に支障をきたすのはどのような事態だろうか。この
ような場合、まずは本人の聴覚的特性を考慮する。Ａさんの場合、音が気
になるのは、耳のよさや過敏さ、絶対音感のような音を聞き分ける力などの
特性にも起因していたが、音自体への対処はし尽くされていた。次に、憤り
や苛立ちなど気持ちの問題は、隣人への手紙や直接の対話で、思っていたよ
うな悪い人じゃないと知ることで一時的に憤りが治まることもあった（①）。

　心理学には**投影***という概念がある。投影とは、心のなかの収まりのよく
ないものや受け入れがたいものが、無意識のうちに自分以外の人物など外的
対象に映し出されて、その人物の性質であるかのように体験される現象であ
る。後になって、自分の思い込みが過ぎたとか誤認していたと気づかれるこ
とも多い。Ａさんの場合はそれでもなお、新たに投影が起きて、同じ気持
ちが湧いてくる。このように同じ症状や夢が繰り返し現れるのは、ユングの

分析心理学では、一面的になっている意識を補って心全体が変化を遂げる目的のためで、それが実現するまで何度でも症状や夢が現れるというように、目的論的な捉え方をする。

　Aさんの場合は、隣人との対話による認知変化の他、防音、服薬、引っ越しで落ち着くが、新たな音をきっかけに、苛立ちが湧いて同じ状態に戻る。騒音を出す者は影のように憑いているかのようで、Aさんの内面が問題となってきている。そのため、外の騒音でなく内面からざわめき立つ音の1つ（内なる声）である夢から、内的状況とその対応を知る夢分析が役立つ。そこでクライエントに夢分析を提案し、導入の意図を共有した（③）。

　Aさんの意識の態度は、遠慮がちで人に迷惑や負担をかけることを嫌い、音にも気を配るものであった（②）。「退学しかない」と切迫しての来談でも、「相談事が些細で申し訳ない」「私のようなものが」との自己卑下やセラピストにさえ負担をかけられない気持ちが勝っていた。それに対して、騒音を出す隣人は、彼女の意識の態度とは相反する、受け入れがたい傾向である。分析心理学では意識と相反する傾向がイメージされる時、それを意識にとっての影、**シャドウ**（shadow）と呼び、普遍的な心の要素である「元型」の1つと考える。シャドウ（相反する傾向）が投影された隣人イメージは、「自己中心的で、人の気持ちや迷惑を考えない酷い人、悪い人」であった。だが他方で、不眠、抑うつ、イライラから自分も騒音を出し返して「凶暴になった」とも語られる。それはまるでシャドウ（の元型的イメージ）が自分に取り憑き、望まないその傾向を行動や感情レベルで生きさせられているかのようであった。騒音を出す身勝手な傾向は外界に投影されるだけでなく、今や、心の奥（無意識）から直接行動や情動として湧き出している。

　ただ、これだけでは自己嫌悪も高まるので、その傾向が意識と調和し統合されることは難しい。だからこそ、ここで内側から湧き出す夢に耳を傾けることが役に立つ。行動や情動へと湧き出す要素は、夢の状況や登場者としてもイメージ化され対象として現れる。意識と相反する傾向が夢の登場者として対象化されることで、対話や折衝が可能になって心理療法が進展していく。

　さて、この事例の初回夢は、ある友達から「壁にブロックか煉瓦を積む」

提案があって積んでいる。クライエントの連想はいつも防音を考えているから夢に出たというものであった（①④⑤）。ただ夢では、音を遮断する手立てを提案してくれる友達（内なる他者、もう1人の私⑪）がいて、提案に応えて実行する態度も見られる。壁の煉瓦は、心理的には自我境界の補強作業のようにも見られる（⑥）。だが、セラピストの連想は「内向を促進するための煉瓦積み」となっていて、防音のための境界の補強ではなく、心理作業に耐える煉瓦壁の空間の準備が始まっていると感じている（⑥）。初回夢は心の作業がどう始まり展開するかを暗示する（⑧）。コツコツと煉瓦を積むような能動的な遮断は、外の遮断だけでなく、癒しの歴史で見られた「参籠」のように（⑫）、夢を通じて内面と向き合う空間作りに感じられた。インキュベーション（incubation, 参籠）には鳥などが卵の孵化のために巣に籠もる意味合いがあり、想いをじっと抱えて籠もることで夢や幻想を内に宿し、治癒や解決に導かれる。そこには機が熟すのを待つ態度や、布置され現れるものと向き合う態度が求められる。煉瓦で閉じる部屋は、心理療法を通じて内面から賦活される怒りなどの情動の熱に持ちこたえ変容を生み出す容器（陶芸窯、料理鍋など⑫）を連想させる。籠もり部屋の内側は1人のようでいて、夢でもわかるように、内なる他者（もう1人の私であり、癒し手でもある⑪）の声が聞こえる対話空間（折衝空間）でもある。

継続面接による信頼関係は煉瓦積みの確かな内的空間を生み出していく。ここからAさんは、シャドウのような人物が影のように付いて来る夢、善悪や対決に関する夢などを繰り返し見る（⑦）。面接経過とともに、心から湧き出していたものが過去に自己否定された傷の疼きの音であり（⑩）、自分の特性を悪者のように抑え込んで卑下してきたことに対するシャドウ（もう1人の私）のうめき声でもあることがわかってくる（⑫）。Aさんは夢を通じて内なる他者と和解する困難な作業に真摯に取り組み、本来の自分を取り戻して症状も治まり、無事卒業を迎えた。

最後に、夢分析はどのように感じられただろうか。本章をきっかけに、心の内奥に関わる夢見の心理学に関心を持たれて学ばれることを期待したい。

■引用・参考文献

Ellenberger, H. F. (1970). *The Discovery of the Unconscious: The History and Evolution of Dynamic Psychiatry*. New York: Basic Books. 木村敏・中井久夫（監訳）(1980). 無意識の発見—力動精神医学発達史— 上・下. 弘文堂.

Freud, S. (1900). *Die Traumdeutunge*. Leipzig: Fischer Taschenbuch. 高橋義孝（訳）(1969). 夢判断. 新潮文庫.

Jung, C. G. (1968). *Analytical Psychology: Its Theory and Practice, The Tavistock Lectures 1935*. London: Routledge & Kegan Paul Ltd. 小川捷之（訳）(1976). 分析心理学. みすず書房.

河東仁 (2002). 日本の夢信仰—宗教学から見た日本精神史. 玉川大学出版部.

工藤昌孝 (2009). 臨床場面における「樹木」に関するイマジネーション—その錬金術的側面がもたらす意義と「想像の木」法試行の覚え書き—. C. G. ユング 哲学の木. 創元社. 215-278.

工藤昌孝 (2017). 変容を日常に実現させる機序としての錬金術的「増殖」—分析心理学における夢分析とシャドウという心的経験から—. 日本福祉大学心理臨床研究センター紀要, 12, 25-38.

Meier, C. A. (1948). *Antike Inkubation und Moderne Psychotherapie*. Zürich: Rascher Verlag. 秋山さと子（訳）(1986). 夢の治癒力—古代ギリシャの医学と現代の精神分析—. 筑摩書房.

第11章

心の健康とストレス

1. 心の健康について考える
2. ストレスの概念とストレスによる心身の影響を学ぶ
3. ストレスに対する対処法を具体的に知り、よりよい心の健康状態を目指す

1 心の健康について考える

　現代社会は、科学技術の進歩によって、快適で便利な生活が送れるようになった。ところが、地球温暖化による異常気象に伴う気温の変化や自然災害、様々な学校や職場における管理や競争の激化、少子高齢化や核家族化に伴う人間関係の孤立や緊張、さらに、携帯電話やコンピュータの普及で生じている**テクノストレス***など様々なストレスを受ける機会が増えている。大学生も「最近、ストレスが溜まっている」「試験勉強のストレスで心が折れた」などと友人同士で会話することもあろう。学生生活調査 (2016) によると、大学生の不安や悩みはもっとも高い順に、「希望の就職先や進学先へ行けるか不安だ」(69%)、「卒業後にやりたいことがみつからない」(42%)、「授業の内容についていっていない」(33%)、「学内の友人関係の悩みがある」(17%)、「経済的に勉強を続けることが難しい」(16%) であった。こうした日常生活の悩みに対して、適切に対処ができなければ、心や身体の健康に影響が生じる。

　健康とは、世界保健機関（WHO）の定義によると、「病気でないとか、弱っ

◎アクティブラーニング演習◎

　次の事例は、「健康」といえるのかどうかを検討したうえで、あなたにとって「健康」とはどのような状態のことを指すのか熟考してみよう。

【事例1】Aさん（30歳）は交通事故で半身不随になった。しばらく、終日臥床していることが多かったが、現在では、パラリンピック（障害者スポーツの総合競技大会）への参加を目標にして、機能回復訓練に取り組んでいる。

【事例2】Bさん（19歳）は体格のよい、スポーツの好きな男子大学生である。第2志望の大学に合格できたが、最近、朝方になると気分が落ち込み、授業に遅刻することが増えている。レポートの提出が遅れ、授業担当の教員にも連絡を入れていない。

ていないということではなく、肉体的にも、精神的にも、そして社会的にもすべてが満たされた状態にあること」といわれる。**心の健康**とは、精神面に注目した概念である。

　この定義が示すように、我々が健康を維持、増進していくためには、身体だけではなく、心の状態、人間関係のあり方、さらに生き方や生きがいにも目を向ける必要がある。また、健康か病気かという固定的、二者択一的な捉え方（健康は善であり、病気は悪である）ではなく、それらは連続しており、心身ともに、他者や様々な環境との関わりのなかでダイナミックなバランスをとっていることを重視することであろう。そこで本章では、心の健康に及ぼすストレスの定義、ストレスと心身の病い、心と身体との関係、ストレスに対する対処法を知り、心の健康の維持、増進について学ぶことを目的とする。

2 ストレスについて

1) ストレスの定義

　本来、**ストレス** (stress) は苦悩や苦痛を意味する distress を短くした単語で、もともとは、「重圧」や「ひずみ (strain)」を意味する物理学用語であった。Cannon, W. B.〔キャノン〕(1914) は、種々の外部刺激が生体の恒常性（ホメオスタシス）を乱し、生体の心身に機能変化や歪みを生じさせることをストレスと呼んだ。この時の外部刺激を**ストレッサー** (stressor)、引き起こされた反応をストレスと定義する。ストレッサーには物理的（寒冷、高温、熱傷、放射線、騒音等）、化学的（酸素、飢餓、薬物、過食等）、生物的（細菌、花粉等）、心理的（身近な人の死、職場の対人関係、離婚、試験等）などがある。「自分はどうすることもできない」と認識される、外的、内的刺激やエピソードが、ストレッサーとなりやすい (Glass, D. C., 1977)。

　また、生体はストレッサーの種類に対して、**特異的反応**と**非特異的反応**を示すといわれている。特異的反応とは、特定のストレッサーによって現れる特定の反応（高温による熱傷、花粉によるアレルギー反応等）をいい、非特異的反応とは、ストレッサーの種類に無関係に生じる反応のことを指している。

　非特異的反応には次のような生理的反応が見られる。まず、人間にストレッサーが与えられると、間脳の**視床下部***によって感知される。そこで副腎皮質刺激ホルモン放出ホルモン（CRH）を介して下垂体に伝達される。下垂体からは、副腎皮質刺激ホルモン（ACTH）が分泌される。ACTH は、副腎皮質を刺激し、副腎皮質ホルモン（コルチゾール）の分泌を促進する（視床下部-下垂体-副腎皮質系）。視床下部が感知したストレッサーは交感神経系にも伝えられ、副腎髄質から、カテコールアミン（アドレナリン、ノルアドレナリン）が分泌される（視床下部-交感神経-副腎髄質系）。コルチゾールは、脾臓や胸腺を委縮させ、リンパ球の機能やがん細胞を破壊死滅させるというナチュラルキラー細胞（NK 細胞）の活性を低下させ、免疫力が低下する。その他コルチ

ゾールは、脂質代謝を促し、血糖値を上昇させ、カテコールアミンは、血管収縮、血圧上昇、消化管運動抑制、心拍数増加等を引き起こす（森本, 1997）。

　こうした生理的変化によって、発汗、頭痛、肩こり、動悸、呼吸促迫、便通異常、月経不順等の身体的反応、不安、不眠、緊張、焦燥、気力低下、抑うつ等の心理的反応、生活習慣の乱れなどの行動的反応が生じる。これらの反応には個人差がある。ストレス反応が長く続くと様々な疾病、心身症へと移行するのである。

２）ストレスの研究

　キャノン（1929）は、動物が外敵から身を守る時など、外部刺激によって、交感神経や副腎髄質系の反応が生じることを、**闘争-逃走反応**と名づけた。一方、Selye, H.〔セリエ〕（1936）は、ストレスの非特異的反応によって生じる心身の一連の状態や経過を**ストレス学説**（汎適応症候群、General Adaptation Syndrome, GAS）と呼び、ストレス３大兆候（胸腺委縮、副腎肥大、胃潰瘍）が、ストレッサーの種類に関係なく生じる反応であることを発見した。ストレスに対する適応の時期を警告反応期、抵抗期、疲憊期に分けた。

　警告反応期とは、心身に有害なストレッサーに対する緊急反応が生じる時期で、人はストレスを感じながらも何とか変化に適応しようと頑張る時期のことである。突発的にストレッサーの影響を受けてショック状態になる時期（ショック相）と、そのショック状態を脱出して、ストレスに適応しようとする時期（反ショック相）がある。

　次に、**抵抗期**とは、生体の自己防衛機制ができあがる時期のことで、持続的なストレッサーと**ストレス耐性**が拮抗している時期といわれる。やがて、ストレッサーに抵抗し続けると、エネルギーが枯渇してくる。すると、疲憊期に突入し、様々な心身の症状が生じてくる。その前にストレッサーの影響が軽減されれば、生体はストレス反応から快復して、健康を取り戻すことができる。**疲憊期**には、長期間にわたって継続するストレッサーに生体が対抗できなくなり、段階的にストレッサーに対する抵抗力が衰えて、免疫力の低下も生じる。これらが長期にわたって継続し、ストレッサーが弱まることが

なければ、生体はさらに衰弱する（小杉, 2006）。

3）ライフイベント研究

　Holmes, T. H., Rahe, R. H., & Masuda, M.〔ホームズとレイエら〕は、人生に起こる様々な出来事とストレス過程との関係について研究した。そして、種々の疾病が生じる前に、どのようなライフイベントがあったのかを**社会再適応評価尺度（SRRS）**[*]で測定することで、心理社会的ストレスを客観的に評価することを試みた。ライフイベントのもたらす生活変化に適応するために必要とされる努力量について、「配偶者の死」を 100 として、各ライフイベントの**生活変化指数（LCU 得点）**として算定してある。生活変化指数はその出来事のストレッサーとしての強度として考えることができる（表11-1）。SRRS を用いて、過去 10 年間の体験と疾患発症との関係を調査したところ、各ライフイベントの生活変化指数（LCU 得点）の合計得点（マグニチュード得点）

表 11-1　社会再適応評価尺度（Holmes, T. H., & Rahe, R. H., 1967）

順位	出来事	LCU 得点	順位	出来事	LCU 得点
1	配偶者の死	100	23	息子や娘が家を離れる	29
2	離婚	73	24	親戚とのトラブル	29
3	夫婦別居生活	65	25	個人的な輝かしい成功	28
4	拘留	63	26	妻の就職や離職	26
5	親族の死	63	27	就学や卒業	26
6	個人のけがや病気	53	28	生活条件の変化	25
7	結婚	50	29	個人的習慣の修正	24
8	解雇・失業	47	30	上司とのトラブル	23
9	夫婦の和解・調停	45	31	労働条件の変化	20
10	退職	45	32	住居の変更	20
11	家族の健康上の大きな変化	44	33	学校をかわる	20
12	妊娠	40	34	レクリエーションの変化	19
13	性的障害	39	35	教会活動の変化	19
14	新たな家族構成員の増加	39	36	社会活動の変化	18
15	仕事の再調整	39	37	10000 ドル以下の抵当（借金）	17
16	経済状態の大きな変化	38	38	睡眠習慣の変化	16
17	親友の死	37	39	団らんする家族の数の変化	15
18	転職	36	40	食習慣の変化	15
19	配偶者との口論の大きな変化	35	41	休暇	13
20	10000 ドル以上の抵当（借金）	31	42	クリスマス	12
21	担保、貸付金の喪失	30	43	些細な違法行為	11
22	仕事上の責任の変化	29			

が 300 点以上は 79 %、200 〜 299 点は 51 %、150 〜 199 点は 37 % に何らかの疾患を発症していた（Holmes, T. H., & Rahe, R. H., 1967）。ライフイベントは、客観的にストレッサーとなる出来事を捉えることができるが、ストレッサーに対する受け止めの違いなどの個人差を無視しているという問題点も指摘されている。

4）ハッスル研究

Lazarus, R. S.〔ラザルス〕らは、普段、あまり経験することのないライフイベントよりも、日常経験することの多いちょっとした出来事（**デイリーハッスルズ**、Daily Hassles）の方が、健康状態に対する予測力が高いと考えた。ハッスル尺度は適応や健康の予測に優れた指標であるとされている（Reich, W. P., et al., 1988）。学生用ハッスル尺度を用いて開発された Web ハッスル尺度（中野, 2013）もある（表 11-2）。

5）認知的ストレス理論

ラザルスら（Lazarus, R. S., & Alfert, E., 1964）は、**代理ストレス研究**と呼ばれる一連の実験的ストレス研究を行っている。それによると、まず被験者を 4 群に分けて、オーストラリア原住民の割礼式の映画（成人を迎えた少年が、男性器の先端の表皮を鉄器によって切除する儀式で、出血と痛みをこらえる光景が映し出される）をそれぞれの群の被験者に見せる。こうした衝撃的な映像という外部刺激のストレッサーを与えて、皮膚電気反射（GSR）、自記式緊張評定尺度、気分状態を一対の形容詞 22 組で評定するという 3 指標によって測定し、ストレス反応とした。それによると、脅威教示群（「少年らは、割礼式によって、ひどい痛みと感染症罹患の危機に晒された」と教示した群）のストレス反応が、対照群（無教示群）よりも高かった。一方、否認教示群（「この儀式は決して危険ではない。少年らはこの儀式によって成人の仲間入りをするのだから、むしろ喜びと期待に溢れている」と教示した群）や知性化教示群（「人類学者は、このような未開文化の習慣を冷静に観察し、正確に記述するだろう」と教示した群）のストレス反応は対照群（無教示群）よりも低かった。

表 11-2　ハッスルスケール（学生用）（中野, 2005, 一部改変）

各項目のハッスルを、前月 1 カ月に体験したか否かを回答してください。さらに、経験したハッスルに対しては、その出来事で苦労した程度を 3 段階で回答します。多少苦労した 1、苦労した 2、かなり苦労した 3

ハッスル項目	回答	ハッスル項目	回答
恋人または配偶者の家族との間にもめ事があった	1・2・3	金銭のことで頭を悩ました	1・2・3
友人に失望したり、裏切られたりした		読解力の低さのために苦労した	1・2・3
		学問に関する重大な決断をしなければならなかった	1・2・3
先生との間にもめ事があった	1・2・3	孤独に感じた	1・2・3
社会から受け入れられないのではと心配する	1・2・3	考えていたより成績がよくなかった	1・2・3
しなければならないことが多過ぎる		学校の事務ともめ事があった	1・2・3
特別にしてあげたことを当然のことと思われてしまった	1・2・3	睡眠が十分にとれない	1・2・3
		家族との間にもめ事がある	1・2・3
家族との間に金銭トラブルがあった		課外活動に多くの時間がとられてしまう	1・2・3
友人のために信用をなくしてしまった	1・2・3	厳しい先生の授業を受けている	1・2・3
		友達とうまくやっていけない	1・2・3
大切な人と別れて生活しなければならない	1・2・3	物事を進めるのにかなり努力をした	1・2・3
あることへの貢献度を過小評価された	1・2・3	勉強するのがいやになった	1・2・3
よい評価や成績を得るために苦労した		買い物をしてごまかされたり、だまされたりした	1・2・3
	1・2・3	タバコの煙で迷惑した	1・2・3
人に利用された	1・2・3	通学が大変である	1・2・3
レジャーのために十分な時間がとれない	1・2・3	仲間に好きになれない人がいる	1・2・3
		恋人または配偶者との間にもめ事がある	1・2・3
授業について行くことに苦労した	1・2・3	文章が下手なために苦労した	1・2・3
責任を持たなければならないことが多過ぎる	1・2・3	勉強をしている時に邪魔が入った	1・2・3
		社会のなかで孤立している	1・2・3
学校に不満がある	1・2・3	商店や銀行で長く待たされた	1・2・3
親しい人との関係で決心しなければならないことがあった	1・2・3	無視された	1・2・3
		自分の容姿に不満がある	1・2・3
しなければならないことをする十分な時間がない	1・2・3	履修した講義が面白くない	1・2・3
		陰で悪口をいわれた	1・2・3
数字が弱いために損をした	1・2・3	当てにしていた仕事をもらえなかった	1・2・3
将来の進路について重大な決断をした	1・2・3	運動神経が鈍くて損をした	1・2・3

ハッスル合計得点　　　　　　　　　　　　点

50 以上	日常生活において厄介な出来事が多い、と感じている。精神身体的健康を害する可能性がある。
49〜35	日常生活において厄介な出来事がやや多い、と感じている。
34〜13	厄介な出来事を、平均的な頻度で感じている。
12 以下	厄介な出来事を、ほとんど日常生活において感じていない。

これらの結果から、映画を見るという代理による体験ではあるが、スト
レッサーとなる外部刺激に対して、被験者が認知的評定をしているのかに
よってストレス反応の程度に違いがあることを明らかにした。ラザルスは、
この研究から、ストレスに関する**認知的ストレス理論**を構築する。

　さらに、Folkman, S., & Lazarus, R. S.〔ラザルスら〕は、環境と人間との
双方向的な相互作用があると捉える**トランスアクショナルモデル**（transaction-
al model）を提唱した。環境に対して脅威と受け止めるか、挑戦と捉えるの
かの認知的評価がなされる。こうした環境と人間との出会いをストレッサー
とした。ストレッサーが個人にどのような負担をもたらすのかという負担の
質と量の評定（**1次的評価**）と、ストレッサーに対する対処努力の選択（**2次
的評価**）によって、ストレッサーの種類や程度を評価している。こうした認
知的評価と「ストレス過程において生じてくる内的または外的な圧力に打ち
勝ったり、減少させたり、受け入れたりするための精神的または行動的な努
力」（Folkman, S., & Lazarus, R. S., 1988）である**コーピング**（coping）との相互作

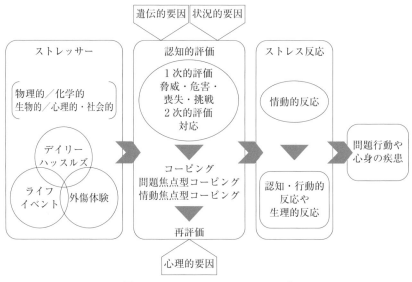

図 11-1　トランスアクショナルモデル
（Folkman, S., & Lazarus, R. S., 1988；二木, 2008, 一部改変）

用によってストレス反応が生じる。ちなみに、コーピングには、**問題焦点型コーピング**と**情動焦点型コーピング**があり、前者は、ストレッサーとなっている問題を直接に解決することを目的としたコーピングで、後者は、ストレッサーによって喚起された情動を調整することを目的としたコーピングである（図11-1）。コーピングによるストレッサー低減効果が少ないほど、苛立ち、緊張、憂鬱などの負の感情が生起し、心理的レベルの不適応状態が生じる（小杉, 2006）。

3　ストレスによる心身への影響

1）ストレスと心身症

　ストレスは、人間の心身機能に影響を与えて、様々な精神疾患や身体疾患を引き起こすといわれている。日本心身医学会（2019）では、「身体疾患に、心理・社会的因子が密接に関与した病態」を心身症と呼ぶ。「神経症やうつ病などの精神疾患に伴う身体症状を除外する」とされている（小牧ら, 2006）。心身症の治療には、心理療法だけではなく、身体的な治療も必要である。心身症の種類や病態も多彩であり、ストレスの関与の度合いも異なる。心身症の例を表に示した（表11-3）。

　心身症の発症メカニズムには、生物学的要因として、**ストレス脆弱性理論**（somatic-weakness）がある。ストレスと心身症との関係は、身体器官のどこが脆弱かによって決定されるという理論である。遺伝要因、幼少期の疾病、食習慣など一定期間、身体組織に負荷があると、その身体部分がストレスに対して脆弱になる。これを**器官選択**という。例えば、呼吸器系が弱い人は喘息になりやすい、消化器系が弱い人は胃腸障害を起こしやすいといえる。

　また、心理的要因として、心身症特有の性格特性があるといわれる。それが、Sifneos, P. E.〔シフネオス〕（1973）の提唱した**アレキシサイミア**（alexithymia）という概念である。ギリシア語の a = lack, lexis = word, thymos = mood or emotion の意味であり、日本語では「失感情症ないし失感情言語症」

表 11-3　心身症とその周辺領域（小牧ら, 2006, 2）

呼吸器系	気管支喘息、過換気症候群、神経性咳嗽、喉頭痙攣、慢性閉塞性肺疾患等
循環器系	本態性高血圧症、本態性低血圧症、起立性低血圧症、冠状動脈疾患（狭心症、心筋梗塞）、発作性上室性頻脈、神経循環無力症、レイノー病等
消化器系	過敏性腸症候群、**機能性ディスペプシア**＊、胃・十二指腸潰瘍、機能性胆道症、潰瘍性大腸炎、食道アカラシア、機能性嘔吐、呑気症等
内分泌・代謝系	糖尿病、甲状腺機能亢進症、神経性食欲不振症、神経性過食症、単純性肥満症、愛情遮断性小人症、偽バーター症候群、心因性多飲症等
神経・筋肉系	筋緊張性頭痛、片頭痛、慢性疼痛性障害、チック、痙性斜頸、筋痛症、吃音等
皮膚科領域	アトピー性皮膚炎、慢性蕁麻疹、円形脱毛症、皮膚掻痒症等
外科領域	頻回手術症（polysurgery）、腹部手術後愁訴（いわゆる腸管癒着症、ダンピング症候群他）等
整形外科領域	関節リウマチ、腰痛症、外傷性頸部症候群（むちうち症含む）、多発関節痛等
泌尿、生殖器領域	過敏性膀胱（神経性頻尿）、夜尿症、インポテンス、遺尿症等
産婦人科領域	更年期障害、月経前症候群、続発性無月経、月経痛、不妊症等
耳鼻咽喉科領域	メニエール症候群、アレルギー性鼻炎、嗄声、失語、慢性副鼻腔炎、心因性難聴、咽喉頭部異常感等
眼科領域	視野狭窄、視力低下、眼瞼痙攣、眼瞼下垂等
歯科・口腔外科領域	口内炎（アフタ性）、顎関節症等

と訳される。アレキシサイミアは、感情がないのではなく、感情の状態を自覚しにくく、それを言葉で表現できにくい。臨床的特徴として、①空想力が貧困で、葛藤が言語化しにくい、②情動の気づきと表現が制限されている、③事実をくどくど述べ、感情が伴わない、④情動を表現するのに、言語より動作を用いる、その結果、⑤コミュニケーションが困難である、⑥身体的疲労感にも無関心で、自分の身体的な状態をあまり考慮せずに無理な生活を続ける、⑦過剰適応傾向、仕事熱心で、頼まれると嫌といえないなどが挙げられる（森谷ら, 1991）。

　心身症以外にもストレスによって生じる心身の疾患として次のような病態が挙げられる。まず、**燃え尽き（バーンアウト）症候群**とは、「看護師、教師、

ソーシャルワーカー、保育士、心理療法家などの対人援助専門職に見られる情緒的消耗感、脱人格化、達成感の減退の症候群」（Maslach, C., Jackson, S.）である。長期間の対人援助で心的エネルギーを消耗するが、その労力に比して、満足感や成功体験を得られにくい。社会や自分自身によって課せられた非現実的な期待に応えようとして消耗してしまうのである（中野, 2005）。

さらに、**心的外傷後ストレス障害**（Post-Traumatic Stress Disorder, PTSD）は、誰もがストレッサーと感じる出来事を体験した後に起こす精神障害である。その出来事には戦争、地震や台風などの自然災害、虐待や暴行、性的虐待、いじめ、交通事故や火災などの重大な事故の被害者になることが挙げられる。

2）ストレスと性格

ストレスと性格特性は関連が深く、古くから研究されてきた。心身症とアレキシサイミア（失感情症）との関連はすでに述べた。その他には、タイプA行動パターン、タイプC行動パターンなどが挙げられる。Friedman, M., & Rosenmman, R. H.〔フリードマンとローゼンマン〕（1959）は、心臓疾患患者に特有の行動特徴について**タイプA行動パターン**と名づけた。タイプA行動パターンとは、1.　時間的切迫（常に時間に追われて焦りをあらわにする行動）、2.　他人との競争、3.　他人を好んで攻撃する行動、敵意に満ちた行動などが特徴で、攻撃（aggression）の頭文字をとっている（小杉, 2002）。また、**タイプC行動パターン**とは、がん患者に見られる性格特徴で、がん（cancer）の頭文字をとっている。Eysenck, H. J.〔アイゼンク〕（1991）は、1.　怒り、恐れなどの感情を抑制し、穏やかな印象を与えようと努力する、2.　ストレスフルな状況に対して適切な対処をとれず、結果として絶望感、抑うつ状態に陥る、などの特徴を持つと指摘した。なお、タイプA行動パターンとタイプC行動パターンはともに不適応に陥りやすい性格であるが、両性格の中間に位置する適応的な性格を**タイプB行動パターン**と呼ぶ（小杉, 2002）。

4 ストレスマネジメント

ストレスマネジメントは、ストレスを取り除くことではなく、ストレスとの上手な付き合い方を考え、適切な対処をすることをいう。ここでは、その具体的な方法について学ぼう。

1）ストレスを自覚する

我々はストレスを溜めていてもそれに気づいていないことが多い。2014年6月に改正労働安全衛生法が成立して、2015年12月から労働者50人以上の事業所に対して、すべての労働者に毎年1回、**ストレスチェック**を行うことが義務化されるようになった。過重な労働によって疲労が蓄積していても気づきにくいストレスを簡便な質問紙で意識化してもらい、ストレスがもたらす心臓疾患、脳血管疾患や過労死を予防しようとする取り組みといえる。

心身症の病前性格として、アレキシサイミアがあることを指摘したが、身体に対する感受性が低いとストレスに気づかないことになる。日頃から身体の声に耳を傾けて、2-1）で述べたストレスの初期症状をSOSサインと早め

表 11-4 ライフスタイルチェック（桃谷・山本, 2010, 一部改変）

運動	1日15分、勉強や仕事から離れて、いい汗をかいているか。 無理せず、マイペースで運動しているか。 競技ではなく、楽しみながら運動をしているか。
勉強・仕事	勉強・仕事にやりがいを感じているか。 勉強・仕事のし過ぎではないか。 勉強・仕事上の人間関係はうまくいっているか。
睡眠	寝つきや目覚めはよいか。 自分にあった十分な睡眠時間がとれているか。 早寝早起きの習慣ができているか。
休養	勉強・仕事の合間に定期的に休む時間を作っているか。 昼休みをしっかりとっているか。 1日のなかにゆったりとくつろげる時間があるか。
食事	1日3食、規則正しく食べているか。 ゆっくり嚙んで食べているか。 バランスのよい食事か。

に捉えて、何らかの対応をすることが必要なのである。

2）ライフスタイルを改善する（運動、勉強・仕事、睡眠、休養、食事）

　ライフスタイル（life style）とは、1人ひとりに特有なパターン化された生活行動のことを指している。例えば、朝6時に起きる、通勤時間は1時間で、仕事はデスクワークが多い、帰宅時にジムに行ってスポーツをして帰るなどの1日の日常化された生活習慣のことをいう（小杉, 2002）。ストレスの蓄積によって、過食、不眠、飲酒などの不適切な生活行動を引き起こしたり、不健康な生活態度がストレスの蓄積を招き、結果として心身に様々な影響を及ぼすと考えられる。桃谷・山本（2010）はライフスタイルの改善の視点として、表11-4を挙げている。

3）認知的評価

　Folkman, S., & Lazarus, R. S.〔フォルクマンとラザルス〕(1988) の認知的ストレス理論によると、環境から受けるストレッサーに対して、それが脅威であるか否か（1次的評価）とストレッサーに対して対処できるか（2次的評価）によってストレス反応が異なってくることをすでに説明した。1次的評価の内容には、ストレッサーが個人の健康や幸福に何の影響もないと考える**無関係**、環境と関わることで、良好な状態を維持し、さらによくなっていくと受け止め、肯定的情動を伴う**無害-肯定的**、個人の信念、目標や価値が「危うくなっている」「脅威である」と判断される場合の**ストレスフル**の3つの評価内容に分けられる。そのうち「ストレスフル」は、さらに、自分の信念、目標や価値がすでに「危うくなった」「脅かされている」と判断される**害-損失**、まだ、「害-損失」に至らないが、今後被る可能性のある**脅威**、出会った状況が、自分にとって利益や成長の可能性を与えると考える**挑戦**の3つが挙げられる。こうした1次的評価は、個人と環境の双方の影響を受ける（Lazarus, R. S., 1991）。個人に自信があれば、直面するストレッサーに対しても「挑戦」が上回るが、自信がなければ、「脅威」が優位になる。また、初めての、予測ができない、状況の意味がわからない、切迫しているなどの環

境が長く続くと、そのストレッサーも個人にとって「脅威」となる。

　一方、2次的評価は、「ある対処行動をとった場合、どのような結果が起こるか」「その結果を導くための対処行動をうまく遂行できるか」という見通しを立てたうえで、どのようなコーピングを選ぶのが適切かが判断される。

　ここで重要なことは、人間の物事の捉え方や考えは、いつも合理的ではなく、偏りや歪みがあるという点であろう。この偏りや歪みの思考パターンのことを、**認知療法**（Beck, A. T., 1963）では、**認知の歪み**（cognitive distortion）という。抑うつ感情等の不適応になりやすい人の認知の歪みに次のようなものがある。1. すべし思考（「〜しなければならない」と考える傾向）、2. 全か無かの思考（成功か失敗、白か黒というような二者択一的思考）、3. 過度の一般化（「結局〜だ」と1つの出来事や経験から、すべてはこうだと一般化する考え方）、4、自己関連づけ（何かよくないことがあると、何でも自分のせいだと考える）、5. 拡大解釈と過少評価（自分の悪い点を大げさに捉え、よい点を過小評価する）、6. レッテル貼り（自分のした間違いが、自分そのものであるかのように、「自分はダメだ」と一般化する）などが挙げられる。ストレスを抱えている人は、こうした認知の歪みや偏りがないかを自己点検し、適切な考え方に修正していく必要があろう。

4）コーピング（対処行動）

　コーピングには、すでに述べたように、問題焦点型コーピングと情動焦点型コーピング（Folkman, S., & Lazarus, R. S., 1988）の2種類がある。次の事例のうち、どちらが各コーピングに相当するか考えてみよう。

事例：2人の大学生のコーピング

　AさんもBさんも同じサークルに好きな異性Cさんがいた。グループで出かけた時に、自分の気持ちを相手に伝えてみたが、特に返事はなかった。
【事例A】友人と飲食に出かけて、気分転換をした。気持ちを伝えているのだから「どうにかなるだろう」と思い、大学の勉強を頑張っている。

【事例 B】同じサークルに所属するＣさんの知人にそれとなくＣさんの交友関係を尋ねてみる。その知人を介してＣさんの気持ちを確かめてみることにした。

5）ソーシャルサポート

　ストレッサーの影響を弱める働きとして、他者からの配慮や情緒的な支えである**ソーシャルサポート**が有効だといわれている。我々は、家族との不和や離別や死別、災害や事件との遭遇、病気の罹患などの強いストレッサーに直面した時、1 人で問題を抱え込むより、他者に相談したり、金銭的、物質的な具体的な援助や情緒的な支えがあった方がその事態を乗り越えることができる。ソーシャルサポートは個人の自信や自尊心を高め、他者との交流が情緒的な安定につながり、他者からの様々な情報や意見をもらうことができるため、情動焦点型コーピング、問題焦点型コーピング双方の役割を果たすからである（中野, 2005）。

6）リラクゼーション法

　ストレスを受けると様々な自律神経失調症状や緊張、不安、怒り、抑うつ気分が生じるが、こうしたストレス反応に対して、積極的にその影響を鎮め、心身の安定を図ろうとして行われるのが、種々の**リラクゼーション法**にあろう。有名なものとして、アメリカの生理学者 Jacobson, E.〔ジェイコブソン〕(1929) の**漸進的筋弛緩法**、ドイツの精神科医 Schultz, J. H.〔シュルツ〕(1932) の**自律訓練法**（autogenic training）、**種々の呼吸法**などが挙げられる。

　まず、漸進的筋弛緩法は、特定の筋肉の緊張状態と弛緩状態を繰り返すことによって弛緩状態を体験し、意識的にリラックス状態を導く方法である。自律訓練法は、安静、四肢の重たさや温かさ、心臓の調整、呼吸の調整、腹部の温感、額の涼感などを系統的に意識してもらうことでリラックス状態を導く自己催眠法である。自律訓練法を行うと意識水準が下がり、変性意識状態に陥ることもある。理性や知性で考える思い込みや捉われ、情動からも一

事例：心と身体はつながっている

　昨今、地震、台風、大雨による土砂崩れなどの様々な被害が報告されている。こうした突然の被害を受けた人々は、心的外傷後ストレス障害など様々な心のトラブルを抱えている。これらの人々に対して、非言語的なアプローチによって心身の不調を改善させるための取り組みも行われている。ここでは、東日本大震災の被災者に対する臨床動作法の事例を紹介する。臨床動作法とは、成瀬悟策によって開発された日本独自の心理療法である。心の悩みや問題を抱えて困っている状態は、身体動作においても不調和を起こしている状態であると捉える。そこでセラピストが身体動作の不具合を把握し、対象者が身体動作を整えられるように働きかけることによって、心の悩みや問題を改善させようと意図する技法のことである。

【事例の概要】51歳の女性で軽度の知的障害があるXさんは、高齢の母親と同居していた。糖尿病を患い、リハビリを続け、ヘルパーの支援を受けながら家庭で手伝いや事務のパートの仕事もしていた。ところが、震災後、ストレスによって体重が増加した。生活リズムが乱れたことで、膝が固くなり、立てなくなった。仮設住宅に居住していたが2年間、ベッドで寝たきりの生活であった。部屋にひきこもり、何事にも関心が薄くなり、母親以外の人との関わりを閉ざしていた。

【臨床動作法の実際】セラピストが具合を尋ねると、Xさんは、「脚が重たい」と訴えた。足首を触ると固く、脚は細くなっている。Xさんに仰臥位になってもらい、「力が抜けると楽になるね。息を吐いて力を抜いてごらん」と伝えた。Xさんは、息を吐くのをきっかけに足首が弛む感じをつかみだし、自分から足首を動かそうとするようになった。次にセラピストは、片方ずつ膝を伸ばし、足を動かすよう促した。足裏にセラピストの手をあてて抵抗を加えると、膝を伸ばす動きが微妙に感じられたのか、「何か胸につかえていたことが抜けて、ほっとした」と語った。やがて自分で動かせるようになったので、ベッドに腰かけた姿勢をとらせた。そして片足ずつ、それから両足でしっかりと踏み締めることができた。セラピストは、腰が伸びるように支援しながら、上体を起き上がるように促すと、Xさんは、2年間立てなかったのに、両足に体重をかけられた。「しっかりと立てたよ」と嬉しそうに語った。このようにXさ

> んは、身体を弛め、リラックスできるようになると、自ら動かそうとする意欲や前向きな気持ちが自律的に湧き出てきたのである。

定の距離を置いて、自分を見つめることができる。

　呼吸法は古来より、気功、ヨガなどの身体技法では呼吸を整えることを重視している。ストレス状態においては交感神経系の興奮により、呼吸数が増加し、呼吸促迫が見られる。リラクゼーション法を試みながら、腹式呼吸を行う。まず、吸気よりも呼気に長い時間をかけて、ゆっくりと息を吐き出し、後は自然に空気が肺のなかに入っていくのを感じるのがよい。腹式呼吸は交感神経系の興奮を鎮め、副交感神経系を賦活させる働きがある。

7）感謝と笑い

　ストレスフルな事態に置かれると、物事を否定的、悲観的に受け取りやすくなるので、意識的に肯定的、積極的な面に注目し、自分の力ですべてを解決しようとせず、「なるようになるさ」「じたばたしても仕方がない」などの腹をくくる気持ちも重要である。こうした心理面に影響を与える心のあり方として感謝と笑いがあろう。セリエのストレス学説を日本に紹介した杉靖三郎が、セリエに「ストレスに打ち克つ方法はあるか」と尋ねると、セリエは、「東洋の感謝の原理（principle of gratitude）」にあると答えたそうだ。また、笑いが血中のコルチゾールを減少させ（吉野ら, 1996）、がん細胞の破壊や免疫力に関わる NK 細胞の活性を高めること等が研究で明らかになっている（伊丹ら, 1994）。Norman Cousins〔ノーマン・カズンズ〕(1979 / 2001) は、入院中に腹を抱えて笑うこととビタミン C の投与を続けた。こうして膠原病という難病から快復した事例が有名である。昨今では、Sakurada, K., et al. (2019) が、40 歳以上の男女 1 万 7152 人を対象とした 5 年間の追跡調査で、よく笑う人やたまに笑う人が、死亡率、心筋梗塞などの心血管疾患の発症率が抑制された調査結果を明らかにしている。

■引用・参考文献

Beck, A. T. (1963). Thinking and Depression: I. Idiosyncratic Content and Cognitive Distortions. *Archives of General Psychiatry*, 9(4), 324-333.

Cannon, W. B. (1914). The Emergency Function of the Adrenal Medulla in Pain and the Major Emotions. *American Journal of Physiology*, 33, 356-393.

Cannon, W. B. (1929). *Bodily Changes in Pain Hunger Fear and Rage*. New York: Appleton.

Eysenck, H. J. (1991). *Smoking, Personality and Stress: Psychosocial Factors in the Prevention of Cancer and Coronary Heart Disease*. New York: Springer-Verlag.

Folkman, S., & Lazarus, R. S. (1988). Coping as a Mediator of Emotion. *Journal of Personality and Social Psychology*, 54. 466-479.

Friedman, M., & Rosenmman, R. H. (1959). Association of Specific overt Behavior Pattern with Blood and Cardiovascular Findings. *Journal of American Medical Association*, 96, 1286-1296.

学生生活調査 (2016). 独立行政法人日本学生支援機構.
https://www.jasso.go.jp/about/statistics/gakusei_chosa/2016.html (2019 年 9 月 2 日取得)

Glass, D. C. (1977). *Behavior Patterns, Stress and Coronary Disease*. Hillsdale. NJ: Erlbaum.

Holmes, T. H., & Rahe, R. H. (1967). The Social Readjustment Rating Scale. *Journal of Psychosomatic Research*, 11, 213-218.

伊丹仁朗・昇幹夫・手嶋秀毅 (1994). 笑いと免疫能. 心身医学, 34(7), 565-571.

Jacobson, E. (1929). *Progressive Relaxation*. Univ. of Chicago Press.

小牧元・久保千春・福士審 (2006). 心身症 診断・治療ガイドライン 2006. 協和企画.

小杉正太郎編 (2002). ストレス心理学. 川島書店.

小杉正太郎編 (2006). 朝倉心理学講座 19 ストレスと健康の心理学. 朝倉書店.

Lazarus, R. S., & Alfert, E. (1964). Short-Circuiting of Threat by Experimentally Altering Cognitive Appraisal. *Journal of Abnormal and Social Psychology*, 69, 195-205.

Lazarus, R. S., & Folkman, S. (1984). *Stress, Appraisal, and Coping*. New York: Springer. 本明寛 (監訳) (1991). ストレスの心理学—認知的評価と対処の研究—. 実務教育出版.

Lazarus, R. S. (1991). *Emotion and Adaptation*. New York: Oxford University Press.

Lazarus, R. S. (1999). *Stress and Emotion*. New York: Springer.

桃谷裕子・山本晴義 (2010). メンタルサポート教室—ストレス病の予防と治療のためのアプローチ—. 新興医学出版社.

森本兼曩（1997）. ストレス危機の予防学. 日本放送出版協会.

森谷寛之ら（1991）. 医療・看護系のための心理学. 培風館.

中野敬子（2005）. ストレス・マネジメント入門（第 2 版）. 金剛出版.

中野敬子（2013）. Web ハッスル尺度の開発とストレス反応予測の検討. 心理臨床学研究, 31(5), 705-714.

日本心身医学会（2019）. 本学会について.
　http://www.shinshin-igaku.com/about/about.html（2019 年 9 月 8 日取得）

二木鋭雄（2008）. ストレスの科学と健康. 共立出版.

Norman, Cousins（1979）. *Anatomy of an Illness as Perceived by the Patient.* New York: W. W. Norton & Company. 松田銑（訳）（2001）. 笑いと治癒力. 岩波書店.

Reich, W. P., Parrella, D. P., & Filstead, W. J.（1988）. Unconfounding the Hassles Scale: External Sources Versus Internal Responses to Stress. *Journal of Behavioral Medicine,* 11, 239-249.

Sakurada, K., et al.（2019）. Associations of Frequency of Laughter with Risk of All-cause Mortality and Cardiovascular Disease Incidence in a General Population: Findings from the Yamagata Study. *Journal of Epidemiology,* **2019. Apr. 6.**
　https://jeaweb.jp/english/journal/index.html（2019 年 9 月 8 日取得）

Schultz, J. H.（1932）. *Das autogene Training: Konzentrative Selbstentspannung.* Stuttgart: Georg Thieme Verlag.

Selye, H.（1936）. A Syndrome Produced by Diverse Nocuous Agents. *Nature,* **138,** 32.

Sifneos, P. E.（1973）. The Prevalence of 'Aleximiic' Characteristic in Psychosomatic Patients. *Psychothera.Psychosoma,* **22,** 225-262.

吉野槙一ら（1996）. 関節リウマチ患者に対する楽しい笑いの影響. 心身医学, 36(7), 559-564.

第12章

心のトラブルを理解する

到達目標

1. 心のトラブルの現状について
2. 心の病とは何か―発達障害が問いかけるものとは―
3. 心の病とその意味について考える

1　現代社会と心のトラブル

　現代社会において、我々は、現実に体感できる世界だけではなく、インターネットのバーチャルな世界も体験できるようになった。インターネットでは、膨大な情報にアクセスでき、どこからでも瞬時に、その世界に行くことができる。こうしたインターネットの世界が我々の世界に入り込むことによって、新たなストレスも生じているが、一方で、そうしたバーチャルな世界が我々の心を支えたり、現実とは異なる様々な体験を可能にしてくれる。

　以前、自室に数台のパソコンを備え、ネットの世界にひきこもっていた青年と筆者はカウンセリングで会っていた。彼のパソコンの1台にはヨーロッパの小さな町の街頭カメラの映像が映し出されていた。毎朝同じ時間に仕事に出かける数人の姿が、そのパソコンの画面を通して見えていた。カウンセリングに来る以外、外出することもない青年だったが、彼は画面を通して見える朝もやの小道を行く人たちに親しみを感じていた。そして、カウンセリングで、小道を行く人たちの姿が見えないことがあると心配している自分がいたと話してくれた。その青年の心には、本当に不思議なことであるが、この町の人たちが住み、暮らしていたのである。それは、時には生き生きと、

時には元気をなくすこともあるリアルな姿として心のなかに存在していた。筆者も週に1回、町の様子を聞きながら、その青年と一緒に、その町をともにめぐって散歩することを楽しんだ。彼はどこにあるかも知れないこの町を、パソコンの画面から見守り続けることを通して、やがて、現実においても、自由な外出が可能になり、アルバイトを始めることができたのである。

　このようにネットの世界においても、様々な対話や交流が生じる。ただし、それは、匿名性が高く、一方的なものが多い。この青年が、パソコンを通して、まず一方的にではあるが、見知らぬ遠い町の他者を見守るという方法で関わり方を見出した。そして、そこでのバーチャルな体験をカウンセラーという実際にリアルな存在に話すことによって、人間関係を広げていった。このようにその青年は、ネットの世界を上手く使い、カウンセラーの存在に支えられながら、世界と関わっていく方法を見つけられたのであった。このことを逆に言い換えると、バーチャルな世界であっても、リアルな世界であっても、関わり方を見出せなければ、心は病んでいくといえるだろう。

　このように、現代を生きる我々は、ネットというバーチャルな世界とも関わりながら、複雑で多様なリアルな世界に関わり、生き抜いていかなければならない。心のトラブルや病もまた、こうした様々な家族、友人、人々や社会、世界との関わりにおいて発生するのである。

1）大学生の心のトラブルや病の現状

　身近な大学生活と心のトラブルの現状について見ていくことから始めよう。

　大学に入学して、これまでとは全く異なった学びの形態を体験する。講義を選び、時間割を作成し、履修届けを提出して科目ごとに異なる教室へ行って講義を受ける。サークルや部活、先輩との交流、不安と期待、ゼミ選択、就活や卒論……、新しいことの連続である。

　大学新入生を対象に行われたメンタルヘルスに関する調査（高柳ら, 2017）によると、新入生の27.0％が抑うつ的な状態を有していることが明らかにされた。また抑うつ状態の有無は生活習慣やストレスに対処できる能力、大学生活における自己評価や満足度に関連していた。また、**希死念慮**＊（「時々

とても死にたくなる」）の項目の回答率は、抑うつ状態を有する学生 15.6％、抑うつ状態ではない学生 2.2％で、抑うつ状態の学生は 7 倍以上という結果であった。

　日常生活との関連では、この抑うつ状態の学生の約半数が不眠や過眠など睡眠のトラブルや不規則な食事という生活習慣の問題を抱えていた。また身体面では頭痛や風邪の引きやすさなどの呼吸器系のトラブル、下痢や便秘などの消化器系の不調などの健康の問題、精神的な側面では不安・緊張、イライラや落ち込み、無気力や集中力の低下なども多く挙げられていた。

　さらに、大学生活をめぐる不安や悩みに関しては、学生生活を継続していけるのかという経済的な不安や不本意入学をしたという不満、将来への迷いや目的の喪失、入学後の学業や単位履修など学習面での不安、友人関係やサークルや授業のなかでの人間関係でのトラブルや苦手意識、対人関係への不安など学生生活の満足度の低さも報告されている。この調査で示された、日常生活の困り事、健康面での問題、精神面に現れる状態はいずれも抑うつ症状（ひいてはうつ病状態）の身体面、精神・心理面、社会面での表れとほぼ同じである。

　青年期の抑うつ障害の状態にある人の割合は 2.0％から 8.0％と推計されている。高校生から大学生年齢の青年期のうつ病の患者数は 1999 年からの10 年間では 3 倍以上に増加している（厚生労働省, 2011）。高柳ら（2017）の調査の抑うつ状態を示す 27％は新しい状況になじんだり、人とゆっくりと交流をしていったり、誰かと親密になることに尻込みしたりしながら、勇気を出して進んでいくであろう。希死念慮に「そう思う」と回答した人たちは、心や身体が疲れている状態である。新しい状況に適応し、成長していくための様子を示している。抑うつ状態は生活に影響を及ぼし、心身の健康を損なうマイナスな状態と考えられているが、むしろ状況に対処し、努力してきた証でもある。まずはゆっくりと休み、自分をいたわり、心身の回復を図っていくこと、そのために誰かに頼ることを症状は求めていると考えてみることができるだろう。心のトラブル症状の 3 側面を図 12-1 に示す。

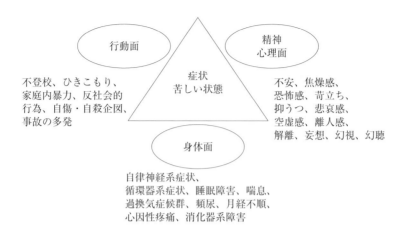

図12-1　心のトラブル症状の3側面

２）生活の変化とストレス―心のトラブル―

　大学入学のように新しい環境に入っていくことは期待や希望、気力充実という心地よい緊張がある。しかし、先の調査結果のように、新しい環境への適応のために、実は心の疲れは自覚されないままに身体的な疲労感や症状として現れてくる。例えば日本では季節の変わり目も重なるいわゆる「五月病」は大学新入生に限らず、新年度を新しい環境で迎える人たちの身近に感じる心のトラブルとして体験されることがしばしばである。

　様々な状況の変化に出会う時、人は新しい状況に関心を持ったり、脅威を抱いたりする。望むと望まぬにかかわらず、新たな状況や環境に適応しようとするなかでストレスを溜め込んでいく。こうしたストレスに対処し切れなくなっていくと様々な症状が現れてくることになる。ストレスは生活習慣病の発症や悪化に密接に関係している。そして適応障害やうつ病、不安症、強迫症といわれる状態へとつながっていくといわれている。

　また、ストレスが直接的、間接的に命に関わるような圧倒的な外傷的なストレスとなる場合を見ておく。例えば暴力や事故・事件・災害等々の生命の危機などの体験や、長期にわたる反復的ないじめなどによるストレス体験、虐待体験などは心に深い傷を残す。それは心的外傷後ストレス障害（PTSD＊）

や**愛着障害**＊、さらには**人格障害**＊などの症状を引き起こす要因の１つとなるのである。

　次節では、こうした心の病の概要や特徴を挙げよう。さらに、近年、増加しているといわれる発達障害を取り上げて、その特徴を知るとともに、現代の障害観についても触れていく。

2　心の病とは

　心の病についてその成り立ちや心の病の特徴や分類について概観する。そして、発達障害の特徴、その障害観の変遷を通して、心の病とは何かを考えていく。

1）心の病は作られるのか

　20年ほど前、とても興味深い話を聞く機会があった。それは精神科医療などが皆無だった村に、精神科病院が建設されることになった。その頃、その地域にフィールドワークを行った研究者から聞いた話である。それによると、精神科病院の建設は、村の人々の悲願だったのだが、実際、病院ができて初めて接した精神科医という人から「精神病」と診断され、投薬されるようになると、たちまち村に「病人」が現れた。そして心を病んだ人々がそれまでやってきた簡単な軽作業や家事や野良仕事、祭りの手伝いなどを一切しなくなり、「精神病患者」になったというのである。もちろん、治療のための診断も投薬治療も否定するものではない。しかし、「1つ明かりを灯すと1つ影ができる」というように、それまで、どのような奇行も、気まぐれも、寝たきりの状態も、村全体でやんわりと「そういう人なのだ」と抱えられ、世話されていたのだ。そうした人は、ゆっくりと回復し―いや、回復という認識もなく―、気づいたら最近、元気に働いているとか、相変わらずゴロゴロ寝ていたり、森に行っては帰ってこず、時々村に下りてきては、いたずらをしたりするような人と認識されていたのだ。雨が降り、日が照り、台風や干ばつが起きるように、心の不調も自然現象の１つであったのだ。

こうした出来事は1つの特殊な地域の問題ではなく、精神科医療の進歩とともに生じた影の問題でもある。西欧では、中世の頃、現在のような異常や正常といった概念はなく、一見、常識とはかけ離れた行動をとる人、"阿呆"や"気狂い"と呼ばれる人はもっとも端的に真理を告知する役割を果たすものとして、一種の畏敬の念を持たれていた（中井, 1999）。ところが、14世紀～16世紀の**ルネサンス**＊（renaissance）から近世にかけて、ヨーロッパ大陸に**魔女狩り**の嵐が吹き荒れる。魔女狩りとは、諸国家、教会のキリスト教の異端弾圧から始まり、やがては民衆を巻き込んで、魔女とされた人々（男性を含む）を摘発、投獄、拷問、裁判、処刑、追放などの迫害行為を行ったことを指している。これらのなかには薬草や民間療法で治療を行う女性や精神病患者も含まれていた。また、治安維持のために市壁の塔、檻に、やがて大規模な施設に精神病者を収容し始めた。こうした施設には精神病者のみならず、浮浪者、犯罪者、売春婦、孤児なども収容、監禁、拘禁されていた。

1789年のフランス革命勃発以後、フランスのサルペトリエール病院では、院長 Pinel, P.〔ピネル〕が、精神病者を拘束から解放し、「患者自身を解放できる空間を作ること」を目指した改革を行った。つまり、精神病者は悪魔憑きでも不道徳でもなく、自分自身の空間があり、保護されるならば、理性を取り戻すことができると考えたのだ。彼の執筆した『医学・哲学的論稿』(1801, 1809) では、哲学や心理学に基づいて医療を受ける権利があると述べている。ピネルは、精神病の臨床経過に着目して、症状、原因、分類、治療などを総説した世界で早期の精神医学書を刊行している。また、ピネルの弟子 Esquirol, J. E. D.〔エスキロール〕(1805) は、精神病の心因論を主張する。また、ドイツの Griesinger, W.〔グリージンガー〕は「精神病は脳病である」(1845) と考えた。こうして、精神病者は、鎖から解放されたが、精神病という病名を与えられ、治療の対象として精神病院に収容されていくことになる（小俣, 2005）。

2）心の病の分類とその内容

ピネルをはじめ、精神医学はドイツやフランスで発展した。そのなかでも

表 12-1　古典的精神疾患の分類

	病因	代表的な精神疾患
外因性	脳を含めて身体的な障害を受けたことにより、精神的な疾患をきたすこと、身体に基礎づけられた精神疾患	脳外傷、認知症などの器質的精神疾患、神経性ベーチェット病、SLE など全身性疾患により生じる症状性精神疾患、アルコールや薬物による中毒性精神疾患
心因性	心理的、環境的な要因が優勢な精神疾患	神経症性障害、心因性反応、適応障害、心的外傷後ストレス関連障害
内因性	外因性、内因性とは判然としない当人の遺伝や素因が疑われるもの、確定的な要因はいまだ判然とはしない要因	統合失調症、双極性障害

Kraepelin, E.〔クレペリン〕は、原因不明の精神疾患を「早発性認知症（統合失調法）」(1896) と「躁うつ病」に大別した。Bleuler, E.〔ブロイラー〕は「早発性認知症」に対して「精神分裂病（統合失調症）」という呼称を提唱した。クレペリンによる「精神医学提要」は、1883 年に公刊され、さらに 1913 年までに第 8 版を完結し、「精神医学教科書」と名前も改められた。クレペリンによる分類は、古典的疾病分類と称されながら、現代においても、精神科臨床の現場で、他の専門家とクライエントの症状について話し合ったり、治療を検討したりする時のアウトラインを提示してくれる。その約 150 年後、今日の DSM や ICD という国際基準の礎ともなっている（表 12-1）。

　精神疾患の体系的な分類は、主に 3 つの流れに大別される。第 1 に、クレペリンの疾病体系で、主に病因に注目したものである。1. 身体的な障害に起因して精神に異常をきたす外因性精神疾患、2. 心理的、環境的な要因によるストレスに適応できずに発症する心因性精神疾患、3. 素質や遺伝などの要因や原因がはっきりしない内因性精神疾患の 3 つに分けられる。

　第 2 に、主として現在の症状の特徴から、症状群や多元的な診断基準により、パーソナリティを査定し、分類する方法である。世界保健機関（World Health Organization, WHO）による国際疾病分類（International Statistical Classification of Diseases and Related Health Problems〔HICD〕が 2019 年 6 月に現行の ICD-10 から ICD-11 へ 30 年ぶりの改訂が公表された）と、アメリカ精神医学会（American Psychiatric Association, APA）による精神疾患の分類と統計マニュアル（Diagnos-

表 12-2　DSM-5 の診断基準

1	神経発達症群／精神発達障害群	8	解離症群／解離性障害群	15	秩序破壊的・衝動制御・素行症群
2	統合失調スペクトラム障害および他の精神障害群	9	身体症状群および関連症状群	16	物質関連症群および嗜癖性障害群
3	双極性障害および関連障害群	10	食行動障害／摂食障害群	17	神経認知症群
4	抑うつ障害群	11	排泄症群	18	パーソナリティ障害群
5	不安症群／不安障害群	12	睡眠-覚醒障害群	19	パラフィリア障害群
6	強迫症および関連症群／強迫性障害および関連障害群	13	性機能不全群	20	他の精神疾患群 医薬品
7	心的外傷およびストレス因関連障害群	14	性別違和	21	医薬品誘発性運動症および他の医薬品有害作用
				22	臨床的関与の対象となることのある他の状態

tic and Statistical Manual of Mental Disorders, DSM, 2013 年に DSM-5 が公刊された）の 2 つが挙げられる。

　これらは世界中の精神科において使用されている精神疾患の記述的分類である。確認できる症状により分類を行い、その境界が明瞭となるように操作的診断を用いている。DSM-5 の診断分類を表 12-2 に示す。

　DSM の表 12-2 はたくさんの心の病を 22 の群に分類したものである。これらの群の下のいくつかの心の病の名前（診断名）とその診断基準が挙げられている。ところが DSM-5 を開いて目の前の患者さんの症状やその持続期間などの基準をチェックしたら診断ができるというわけではない。人の発達過程のなかで、認知や情動や行動機能に影響を及ぼす遺伝と環境の相互作用の多様性は無限であり、心の病は同じ診断名がついており、多くの症状を共有していても、それと同時にヴァリエーションに富んでいる。すなわち「パニック症と診断されたクライエントにはたくさん会ってきましたが、パニック症の M さんと会うのは初めてです」ということになる。このように同じ診断名がついていても、個々人はその生い立ちも性格も違っており、症状を形成する様々な要因の複雑な織り重なりは異なっている。

第3は、疾病分類ではなく、精神分析的視点から、心の内外の現実を正確に認知できる能力、つまり現実検討力（reality testing）の程度によって、パーソナリティの発達水準を査定する方法である。1. 様々な症状を訴えているが、現実検討力が比較的保たれている「神経症レベル」、2. 幻覚や妄想などが出現し、現実検討力が重篤に失われた「精神病レベル」、3. 一見すると神経症でありながら、些細な現実の出来事を契機に、常軌を逸した行動化や一過性の精神病症状を呈するなど、現実検討力が不安定で、部分的にしか機能できない「境界例レベル」の３つの病態レベルに分けられる。こうした精神医学の診断においては、クライエントと出会った際に、カウンセラーや医師に感じ取れる間主観的な所見も重要である（森谷・竹松, 1996）。

Rümke, H. C.〔リュミュケ〕は、統合失調症を前にして感じ取れる独特の所見をプレコックス感（praecoxfefühl）と呼んだ。リュミュケは、「統合失調症患者を前にして、普通ならば対人接触の際には必ず起こる何かが実際に起こってこないために生じる、一種の内的自己不確実体験」と説明した。これは、統合失調症患者を目の前にした医師やカウンセラー自身のナルシシズムが傷ついたために、気を悪くする感じとして味わうような何かである。患者は我々が折角差し出した対人的接触も人間的な暖かみも何１つ受け取ってくれない。中井（1984）は、統合失調症という病気についての否定的な印象として捉えるべきではないと説明する。むしろ、患者に安易に接近し、診断や支援をしようとする医師やカウンセラーのうぬぼれの鼻がへし折られるところに生じてくる気持ちなのだと説明した。このように患者が体験している精神疾患の本質は、精神疾患名で説明することはできない。患者の全存在に関わろうとするカウンセラーや医師との関係性を通して、次第に明らかになってくるのである。

3）発達障害が問いかけてくること

発達障害とは、DSM-5（2013）という精神疾患の診断によると、神経発達症群／精神発達障害群という疾患分類のなかの**自閉スペクトラム症／自閉症スペクトラム障害（ASD）**と注意欠如・多動症／障害（AD／HD）、限局性学

習症／障害（LD）の3つの障害を含んだ総称である。発達障害の要因は育て方や当人の努力不足や考え方の問題ではなく、脳を含む中枢神経系の機能の障害である。症状形成には環境の要因との相互作用が影響することが指摘されている。近年、発達障害は増加しているといわれ（Uta, F.〔ウタ〕〔2003／2012〕）、10代の発達障害は、2002年の大規模な調査では6.5％、2006年の調査では発達障害のある児の発生率は8.2～9.3％という報告もなされている。

　第1に自閉スペクトラム症／自閉症スペクトラム障害（ASD）は、以前**アスペルガー症候群**＊や広汎性発達障害といわれていた状態を包括している。主たる特徴は、①社会的コミュニケーションや相互的関係性を持続していくことが苦手、②興味関心の対象に強いこだわりがあることと反復的な常同行動がある。また、③感覚刺激に対する過敏さもしくは鈍感さが挙げられる。自閉スペクトラム症の大学生は、対人コミュニケーションの苦手さ、つまり、自分が考えていることや感じていることをまとめ上げて言葉にするのが困難だったり、話すのに時間がかかっている間に話題が変わってしまったりする。掲示物を見ても、どの部分に重要な情報が書かれてあるのか瞬時につかむことができず、混乱してしまう。また、どのような科目を履修したらよいか選択できなくて混乱する、休み時間をどのように過ごしたらよいかわからない、ノートを書き写せない、講義で話された言葉がほとんど記憶に残らない、周囲の状況が把握できずにパニックになるなど生きにくさを抱えている。これらはこだわりや周囲とのペースが合わないために生じるのであるが、本人だけの努力では解決できない問題がある。なぜなら、こうしたコミュニケーションは、本人だけの問題ではなく、周囲の人との関係のなかで生まれてくるものだからである。

　子育て支援に参加している自閉症の子どもを持つ母親の事例を挙げる。母親は、子どもが喋れないから、どうして欲しいのかわからないと苦しんでいた。しかし子どもは全身で欲しい物、して欲しいことを表現していた。そこで、支援者は、母親とともに、子どものしぐさや反応をよく感じ取り、受けとめていくことを心がけた。すると、母親はやがて、子どもが饒舌に様々なことを伝えていることがわかってきたという。子どもの一見、不可解なこだ

わりや行動をすぐに理解することは難しい。だが、子どもとの関係が深まると、態度や行動の意味が理解されるようになってくる。

　第2に注意欠如・多動症／障害（AD／HD）は、年齢や発達水準とは不釣り合いなほど不注意であり、衝動性、多動性が高く、日常生活に支障をきたす。AD／HDの子どもは幼児期からよく動き、不適切な行動も多く、周囲からは注意されたり、叱責されたりしていることが多い。親の指示に従ったり、学校のような場での集団行動が苦手で、忘れ物や紛失物も多い。人の名前や約束事も忘れやすく、対人トラブルのきっかけになりやすい。そのため、自己評価も低く、抑うつや心身症などの2次障害を併発しやすい。

　1つ事例を紹介しよう。小学生のAさんは1人で校内を探検することを日課とし、毎日1時間ほどの間、姿を消してしまう。そのたびに、先生たちは校内を探し回り、見つかれば大目玉という日々を送っていた。Aさんは、担任に連れられ、カウンセリングルームにやってきた。Aさんの学校での生活のあらまし（困ったこと、問題）を先生が語った。カウンセラーは多動や衝動的な状態を治す、緩和するというよりも、Aさん自身が日々どのようにして大切な何かを発見し、何に興味や関心を寄せ、何を失くして困るのかを知りたいと思った。

　Aさんは、最初は抵抗を示しながらも、毎週の面談において、発見したこと、失くした品物、悲しみや喜び、驚きなどを話していくようになった。そのなかで、Aさんは自分ができることや制御できない衝動的な行動やその困った側面に気づき始めていった。この時カウンセラーが心がけていたことは、Aさんを望ましい行動に改善させようとするのではなく、注意されたり叱られたりしてきたAさんの気持ちに共感し、それを言葉にすることであった。何かができることで得られる自信を持たせることではなく、Aさん自身がそこに存在していることを感じられるように心がけた。Aさんが、カウンセリングのなかで語った多動や不注意をめぐるそのつらさは胸に迫るものであった。やがてAさんは自分自身がどのようにしたいかを考え、自分の意志や選択によって、環境に適応していく方法を身につけていった。

　第3に、限局性学習症／障害は、知的な遅れはないが、聞く、話す、読む、

書く、計算する、推論するなどの特定の力の習得や使用に著しい困難をきたす一群のことを指している。こうした学習におけるつまずきは学校生活における自尊感情を傷つける。早期に発見し、パソコンや電子機器やソフトの併用などを工夫することで、特定の領域の学習困難をサポートし、学びの機会を作り出すことができる。学校の人的、物的な環境を整えていくことで、合理的配慮が当たり前のものとして感じられることが必要である。

　田中（2009）は、発達障害に対する理解や治療の変遷について、第1期から第4期で説明している。第1期は、その症状や問題行動の特徴を比較し、原因を議論する「診断」の時代である。次に第2期は、その「診断」に基づいて、その症状や問題行動の「治療」を行っていく時代だった。だが、「治療」の成果は、発達の凸凹を解消したり、社会適応をさせることだと考えると、その目標達成には限界がある。こうして発達障害についての理解が深まるなかで、「治療」から「支援」へのシフトが起きる。第3期は、本人ができること、持っている能力を見出し、伸ばしていきながらできないことを補い、支えるという方向性である。そして第4期は、「共生」の時代と名づけ、症状や障害を問題視するのではなく、症状や障害を持つ者と、それを支援や治療をする者という役割に縛られた不均衡な関係性ではなく、こうした状態とともに生きることを目指すことが重要だと述べている。

　こうした共生の根本的精神は、国連の「障害者の権利条約」（2006）の精神に基づく。この7年後の2013年に成立し、2016年より施行された「障害を理由とする差別の解消の推進に関する法律」いわゆる「障害者差別解消法」に生かされている。この法律は、障害はその人の問題ではなく、環境や社会に障害があるという社会的障壁の考え方を重視している。そのため、環境や社会の側にある障害に対し、当事者と環境側とが話し合いながら、合理的配慮を行うことが義務づけられた。一方的な支援ではなく、障害による日常の不便さや困り事、問題を解決するための方法をともに考え、工夫することに重点が置かれた。「障害」のある人も現在ない人も、それぞれの主体性が尊重され、機会均等であること、障害のある人とともに必要な配慮を創造し、実現していくという基本精神にのっとった共生の時代が始まったのである。

┌───┐
│   ◎アクティブラーニング演習◎   │
│ 1．本章では心のトラブルについて様々な角度から考えてきた。さて、│
│   本文中には精神疾患の名前をいくつ見つけることができるだろう。書│
│   き出してみよう。   │
│ 2．グループメンバーと手分けして、見つけた精神疾患について調べよ│
│   う。その成果をメンバーとシェアし、新しい疾患分類を試みてみよう。│
└───┘

それは、心の病の領域においても同様である。様々な心のトラブルや症状を診断し、疾病に分類し、治療を行おうとする時代から、当事者と話し合いながら、合理的配慮を創り出していく時代が訪れたのである。

3　心の病とその意味について考える

　症状と出会っていくこと、症状に込められているクライエント独自の意味を、クライエントとカウンセラーとで尋ねていくことについて述べてきた。本節では心理支援における「見立て」の問題を、例を取り上げつつ、さらに考えていこう。

　心の病をその人独自の意味から理解していく時、表 12-3 に示した BPS モデル（Engel, G. L., 1977）が重要な観点となる。

　心理支援における「見立て」とは、クライエントの症状、これまでの人生の歩み、生活している環境、さらには心に抱いている自分のイメージや他者のイメージ、理想や信条をも含めた全人的な理解への仮説といわれている。

表 12-3　生物-心理-社会モデル　BPS Model

生物学的側面 biology	遺伝要因／神経発達、神経伝達／免疫／内分泌／自律神経系／生活習慣／薬物／身体疾患
心理学的側面 psychology	知覚／記憶／経験／学習／知能／人格／動機づけ
社会学的側面 sociology	家族関係／生育歴／文化・人種的背景／宗教／社会経済／学校／職場環境／課外活動

こうした「見立て」は、クライエント自身が忘れていた体験、感情や考えを思い出して、徐々に自己理解が深まるなかでカウンセラーとともに共有していくことになる。カウンセラーは、クライエントとの対話を深めながら、何度も見立てを行い、修正し、クライエントの心の本質へと接近していく。

精神分析家の Little, I. M.〔リトル〕(1981 / 1998) は「正常な現象と病的な現象は同じところから発生する。患者の病気は自発的な治療の試みである」と明確に述べている。これまで見てきた精神疾患状態にある人は今、症状に苦しめられながら、5年であろうと50年であろうと、誰にも替えがたいその人自身の人生の一面として、この状態を見つめ、考え、抱え、体験しながら、過去から未来へ向けて、次の自分を作り続けるプロセスを歩んでいると考えられる。これを Jung, C. G.〔ユング〕は個性化過程と呼んでいる。同じく、日本の精神分析の草分けである精神分析家、土居 (1977) は、「見立て」について、患者の生育歴の行間を丁寧に読むこと、個人の人生の「物語」を読むことを強調している。

ある親からの虐待に苦しんだクライエントは、親から受けた苦しみを繰り返し訴えていた。だが、やがて「私には私だけの物語がある」と述べ、被害者-加害者だけの関係とは異なる新たな視点を獲得し、新しい生活に踏み出していった。各々の人がその人の過程を見出していくことは、心理支援にお

事例：治療をめぐる深い問いを投げかけてきたクライエント

20代の女性クライエントは、情緒が不安定で、思春期から集団生活が苦手だった。外では適応的に振る舞っているが、ストレスが高じれば自宅では母親に暴力を振るい、そのたびに精神科への入退院を繰り返し、医療機関も転々と変えていた。予約をとって現れたクライエントは「誰にも理解されない」「母親でさえ、私と暮らしたくないという」と訴え、さめざめと泣いた。医師の診断は双極性障害とあり、服薬を開始した。クライエントはある日、とても興奮した様子で「薬も飲まず、カウンセリングや病院に来なければ、私は精神病者ではないのか」と強い言葉でカウンセラーに迫った。

いて重要なことである。

　以上、心の病の意味を尋ねていくプロセスはそのまま、心理援助の過程を
たどることになった。

■引用・参考文献

American Psychiatric Association (2013). *DESK REFERENCE TO THE DIAG-
NOSTIC CRITERIA.* American Psychiatric Publishing. 高橋三郎・大野裕 (監訳)
(2014). DSM-5　精神疾患の分類と診断の手引. 医学書院.

American Psychiatric Association (2013). *Diagnostic and Statistical Manual of Men-
tal of Mental Disorders,* 5th ed. American Psychiatric Publishing. 高橋三郎・大野裕
(監訳) (2014). DSM-5　精神疾患の分類と診断の手引. 医学書院.

土居健郎 (1977). 方法としての面接. 医学書院.

Engel, G. L. (1977). The Need for a New Medical Model: A Challenge for Bio-medi-
cine. *Science,* **196**, 129-136.

Esquirol, J. E. D. (1805). *Des passions: considérées comme causes, symptômes et
moyens curatifs de l'aliénation mentale.* Paris: Didot Jeune.

Hochmann, J. (2004). *Histoive de la psychiatrie.* Press Universitaires de France, Par-
is. 阿部惠一郎 (2007) 精神医学の歴史. 白水社.

本田秀夫 (2013). 子どもから大人への発達精神医学. 金剛出版.

伊藤良子 (編著) (2009). 臨床心理学. ミネルヴァ書房.

笠原嘉 (1983). 不安・ゆううつ・無気力─正常と異常の境目─精神の科学 3. 岩波書店.

小俣和一郎 (2005). 精神医学の歴史. 第三文明社.

厚生労働省（2011）．こころの健康対策—うつ病—．

https://www.mhlw.go.jp/kokoro/nation/dyp.html（2019 年 9 月 1 日取得）

Little, I. M.（1981）．*Transference Neurosis and Transference Psychosis: Toward Basis Unity*. Jason Aronson. 神田橋條治・溝口純二（訳）（1998）．原初なる一を求めて—転移神経症と転移精神病—．岩崎学術出版社．

三船直子（2010）．自己愛スペクトル．大阪公立大学共同出版会．

森谷寛之・竹松志乃（1996）．はじめての臨床心理学．北樹出版．

中井久夫（1976 / 1984）．精神科治療の手引き　中井久夫著作集　第 1 巻　精神医学の経験．永岡書店．

中井久夫（1984）．諸外国の研究状況と展望　岩波講座 精神の科学 別巻．岩波書店．

中井久夫（1999）．西欧精神医学背景史．みすず書房．

下山晴彦・中嶋義文（編）（2016）．公認心理師必携　精神医療・臨床心理の知識と技法．医学書院．

高柳茂美ら（2017）．大学生のメンタルヘルスの実態とその関連要因に関する疫学研究．厚生の指標, **64**(2), 14-22.

田中康雄（2009）．支援から共生への道—発達障害の臨床から日常の連携へ—．慶應義塾大学出版会．

氏原寛・松島恭子・千原雅代（編著）（2000）．はじめての心理学．創元社．

Uta, F.（2003）．*Autism: Explaining the Enigma*（*Cognitive Development*）. Wiley-Blackwell. 神尾陽子・華園力（訳）（2012）．ウタ・フリスの自閉症入門—その世界を理解するために—．中央法規出版．

山祐嗣・山口素子・小林知博（2009）．基礎から学ぶ　心理学・臨床心理学．北大路書房．

第 13 章

心の癒しについて考える

1 心 と は ？

　心とは何であろうか？　心は一体どこにあるのだろうか？　これまで様々な心理学を学び考えてきたが、心は「脳の働き」なのであろうか。心は脳にあるのであろうか？　胸のあたりにあるのであろうか？

　近年では脳機能の解明の成果の数々から、脳科学者の多くは「心は脳の内的現象」であると指摘する。一方、心理療法に携わる心理学者は、クライエントに出会う時、「脳の機能」といった言葉では言い尽くせない現象に遭遇することがある。カウンセリングをしていると、クライエントから醸し出される「心」は、言葉として表現されて、カウンセラーと2人の間にある空間に溢れ出て、カウンセラーの皮膚感覚にまで到達するような瞬間に何度も何度も出くわす。簡単に表現すれば「心」が、部屋中の空気を変えてしまうような感覚とか、カウンセラーの鳥肌が立つような思いを引き起こすような現象と表現した方がわかりやすいかもしれない。

　さて学生の皆さんは「心」についていかにイメージするのであろうか。

2 心理療法とは？

「心」は日常生活のなかで、様々な人との関係や社会体制や情報の数々に、日々刺激され揺らがされる。揺らがされて成長し鍛えられ、また幸福を感じることも多いにある。同時にひどくつらくて、もはや生きていることさえもやめたくなるほどの状態に曝されることもある。心理療法は主に心が疲れ苦しみに揺れてしまった時に、少しでもその苦痛を癒すために臨床心理学の専門家が専門的知識や技術を備えて行うことである。心の専門家が、「健康ではない状態の心を癒す」ということ、それらを心理療法と呼ぶ。心理療法の定義については、たびたび引用されている Wolberg, L. R.〔ウォルバーグ〕(1954) がもっとも端的かつ明確に示しているので以下に紹介する。

「心理療法とは、訓練を受けた専門家が、精神障害・行動上の不適応そのほかの情緒的な問題を持つと考えられる人々との間に、熟慮されたプロフェッショナルな関係を結び、その働きかけをとおして、現存する症状や問題を取り除いたり、変化させたり、やわらげたりし、さらには、対象者の人格の発展や成長を促すことを目的とするあらゆるタイプの処置をいう」。

この定義から示されるように心理療法は、①専門家が行うもの、②対象は情緒的問題を持つ人々であること、③専門的に配慮された関係性のもとで行うものといった基本が示されている。

なお、この章では、心理療法を行う心の専門家のことを「セラピスト」と記述することとする（日本では臨床心理士や 2018 年より国家資格となった公認心理師がこれにあてはまる）。

3 「心の癒し」の歴史

心を癒すために大昔から人々は多くの方法を生み出し頼ってきた。古代ギリシア時代に遡って「心の癒し」の歴史を概観する。古代ギリシアにおいて心理学（psychology）の語源であるプシケー（psyche）は、息（呼吸）という意

味があり、それが転じて心や魂を意味するようになった。古代ギリシア哲学者 Socrates〔ソクラテス〕は、「魂を治すことなしに体を治そうとするな」と説いている。この頃アスクレピオン（古代ギリシア治療院）の洞窟のなかで一夜横たわり、夢見をすることで治療に導くインキュベーション（incubation）による治療が施されていた。またシャーマンは世界各地で超自然的存在（霊、神霊、精霊、死霊）などとの交流を行うことによって、太古の人々の病気や苦悩、病者の霊魂に対峙し治療を行ってきた。現代においても彼らの存在が脈々と引き継がれている地域もあるが、それらの多くは現代の心理療法へと変容していった。いかなる心理療法へと変容し人々の心を癒してきたかについてその過程を振り返る。

18世紀末、Mesmer, F. A.〔メスメル〕が発明した**動物磁気療法***は、磁気術師らによって身体を流れる動物磁気を出し入れして心の治療をしようと考えたものである。この療法によって、クライエントが磁気睡眠状態になると被暗示性が高まることが明らかとなった。こうした発見はやがて、19世紀半ばに登場する催眠療法（Charcot, J. M.〔シャルコー〕）へと導かれていった。

1885年フランス留学し、シャルコーに学んだオーストリアの医師 Freud, S.〔フロイト〕は、催眠術を神経症患者の治療に取り入れた。やがて催眠療法の限界を感じ、より効果的な治療方法を探究するなかで「自由連想法」に基づいた**精神分析学**を作り上げた。その後も精神分析学はその娘や弟子たちによって多くの分派を派生しながら現在もなお発展し続けている。

1910年代にはフロイトと研究をともにしてきた Jung, C. G.〔ユング〕と Adler, A.〔アドラー〕は各々独自の理論展開に基づき、新たに**分析心理学、個人心理学***を構築した。これら2つも無意識の存在を前提とすることから、精神分析とともに深層心理学を扱う精神力動的心理療法として世界に広まった。

一方アメリカでは、20世紀はじめに職業ガイダンスや心理測定、精神衛生の活動から心理学を土台とした専門的なカウンセリングへと進展していった。1909年フロイトとユングがアメリカに招待され精神分析の講演を行ったり、ユダヤ人の精神分析家の多くがアメリカに亡命してきたりすることも

あり、心理療法やカウンセリングの方法が、様々な影響を及ぼし合い発展を遂げた。1920 年代後半から**クライエント中心療法**の Rogers, C. R.〔ロジャーズ〕が患者を「クライエント」と呼び始め、これまでのアドバイス中心のカウンセリングに代わって、クライエントがカウンセリングの関係のなかで安心して自由に、自分を探索し決定していくことを重視した方法を提唱した。この時代から治療的な意味合いを持つ心理療法と、相談やガイダンス的であったカウンセリングは次第に融合され始めた。

一方 1950 年代には Pavlov, I. P.〔パヴロフ〕の条件反射の実験をもとに、これらの精神分析に発した精神力動的心理療法とは違った、科学的な見地に基づく治療法として行動療法が誕生した。正確には 1953 年 Lindsley, O. R., & Solomon, R. L.〔リンズレイとソロモン〕がオペラント条件づけを精神病患者に適用した後、Lazarus, R. S.〔ラザルス〕と Wolpe, J.〔ウォルピ〕、Eysenck, H. J.〔アイゼンク〕などが学習理論に基づいて治療技法を次々開発していった。

日本では第 2 次世界大戦後、心理療法の本格的な導入が行われた。

4　心理療法が扱う対象

心理療法を必要とするのはどんな人々であろうか。「心」が苦しい状態にある人すべてが対象となりうる。どんな人でも苦しい思いを抱いたことは少なからずあるであろう。環境から求められることと自分ができそうと思うことが違う時、自分がしたいと思うことがどうしてもできない時、大好きな人に告白したが断られてしまった時、親友と思っていた人が陰で自分の悪口をいっていると聞いた時、大切な人が死んでしまった時などなど、実に様々な要因で人は傷つき悲しんだり、怒ったり、塞ぎこんだりする。このような心の苦しみを持ったすべての人々が、心理療法の対象となりうるであろう。また環境に特に問題はなくとも、何ともいえない憂うつな気分が舞い降りてやる気が出ない状態が続き、気がつけば 1 カ月で 5 キロも痩せてしまっていた。前なら痩せて大喜びだが、今はそのことさえも、みじめな出来事にしか思え

ないといった、明らかに何らかの心身の不調が生じている場合も対象となる。大きな病気になってしまいもう命もいくばくもない、そんなクライエントに対しても心理療法は必要とされる。認知症にかかってしまって自分の息子さえも誰かわからなくなって「知らない男性が家に勝手に入ってきた」と大声で叫ぶ状態にある高齢者にも、心理療法は応じることができる。人間の多種多様な状態に応えられるよう心理療法がどんどん進化している。赤ちゃんから高齢者まで、病気になるほどではないが現実生活のストレスが強過ぎるような時から重い精神病圏の患者の精神病理まで、各々の状態に適応する心理療法がある世のなかになってきた。

5 心理療法の基本構造

　心の癒しの歴史から概観したように、心理療法には様々な理論背景があり、方法や目的がある。効果もある一方それぞれに欠点や限界もある。近年ではそれらに分派が派生したり、統合したりすることによってさらに多種多様になっているが、それらすべてにおおむね共通して基本となるところがある。

　まずは心理療法を行う場所である。最近では訪問型の心理療法を行う専門家もいるがたいていの心理療法は決まった部屋で行う。クライエントが来談しやすいように、人目につかないで入ることができ、清潔かつ静かで落ち着いた雰囲気で、プライバシーが守れるように外に声が漏れないことが重要だ。それはクライエントが安心して自分のことを話せるだけではなく、セラピスト自身が落ち着いてクライエントの言葉をしっかり聴くことができることにつながるからだ。

　時間設定も重要な要因である。多少の差はあるがおおむね1回50分前後という毎回決まった時間枠をとっていることが多い。これはセラピストの集中力が持続できる時間でもあり、クライエントが自分自身と向き合う時間としてもほどよい時間枠であるともいえる。なかには「話し足りない」「今からやっと本当の気持ちを話そうと思ったのに」といったことを訴えるクライエントもいるが、毎回決まっている時間枠のなかで心理療法を行うという基

本設定があるからこそ、心理療法の専門性が発揮され、クライエントにとってもかえってそちらの方が安心でき、日常空間や現実の関係性とは異なるという意識づけにもなる。

　また心理療法は、守秘義務に基づいて行うという点である。心理療法の主役はクライエントであるため、その内容を勝手に他言したり、発表を行ったりしてはいけない。セラピストに守秘義務があるからこそ、クライエントは安心して様々ないいにくいことも話せるのだ。そして、心理療法を始める時には、インフォームドコンセントが必須である。セラピストはクライエントが何に困っていて、どうしたいのか、来談に至る経緯などを丁寧に聞いたうえで、セラピストがある程度の見立てや治療の見通しを推察し、セラピスト自身の自己紹介や心理療法の方法等を伝え、これから始まろうとしている心理療法について情報を共有し、合意形成がされていることなどが大切だ。そうした手続きのプロセスにおいてまず信頼関係を築き、安心して心理療法を始められるよう両者で確認しなければならない。たとえ相手が子どもであろうと、セラピストが提供可能な心理療法のことをわかりやすく説明し、クライエントがどうしたいのかを自由に決断できることが望まれる。また、いうまでもなくセラピストの温和で誠実に聴く姿勢が伝わり、クライエントが自分のことを安心して話せるように配慮されていることも重要な基本事項である。このためにはセラピスト自身が心身ともに安定しており、傾聴技法を専門的によく学んでいなければならない。また、セラピストにとって、自己管理や継続研修は最低条件である（精神分析では教育分析といってセラピストがまず自分自身の無意識と向かい合うよう精神分析を受けることが訓練中に求められる）。

6　主な心理療法

　心理療法は、1986 年アメリカの Karasu, T. B.〔カラス〕の調査では 400種類を超えている。恐らくその後も乱立しており 500 近くのものが現在あると推察される。主要なものを大きく分類して表 13-1 に示した。最近はこうして分類される学派も、相互に批判しながらも影響を与え合い共通項も増え

表 13-1　心理療法の種類

精神力動的心理療法	・精神分析、新フロイト派、**自我心理学**＊、**対象関係論**＊、自己心理学　など ・分析心理学 ・個人心理学
行動療法・認知療法	・行動療法、行動分析 ・認知療法、認知行動療法、マインドフルネス認知療法、スキーマ療法 ・論理療法、ソーシャルスキルトレーニング ・弁証法的行動療法、アクセプタンス＆コミットメントセラピー　など
ヒューマニスティック アプローチ	・クライエント中心療法、エンカウンターグループ ・フォーカシング指向セラピー、感情焦点化療法 ・ゲシュタルト療法、現存在分析、実存療法、ロゴセラピー　など

芸術療法・絵画療法・遊戯療法・演劇療法（サイコドラマ）・箱庭療法・音楽療法・ダンスムーブメントセラピーなど

ている。これらを統合して治療効果を上げようとする統合的心理療法も多く活用されている。主な心理療法として精神力動的心理療法、行動療法・認知療法、ヒューマニスティックアプローチを示した。これらそれぞれに基づいた遊戯療法、表現芸術療法がある。各々の心理療法について概観する。

1）精神力動的心理療法

　精神力動的心理療法は、フロイトによる精神分析理論から発展してきた心理療法である。人の心には自分では意識できない無意識の部分があって、それが日常生活に様々な影響を与えるとした考えに基づいた様々な心理療法のことを指す。フロイトによる精神分析はクライエントの行動、考え、感情や精神病理の背景にある「無意識にあるもの」（第1章参照）に触れていくこと、それらに対する理解や洞察を促すことを重視する。またクライエントの幼少期における両親や養育者との関係が、成長した後の思考、認知、感情、行動にまで大きな影響力を持っているとし、それらを含む無意識に抑圧しているもの（特にクライエントが認めたくないこと、覚えていたくないことを無意識の世界に封印しているもの）の理解や洞察を、治療者の解釈によって深めていくことを、「自由連想法」という形で試みていく。フロイトの時代はクライエントを寝

椅子に寝転ばせ、そこからは見えにくい位置にセラピストがいて自由に頭に浮かんだことを話させていく。週に4、5回各45分から50分間行っていた。現代では週に1、2回、寝椅子ではなく対面して行う方法をとっていることが多くなった。何回もセッションを重ねていくうちに、クライエントとセラピストという治療関係のなかに、クライエントの過去の重要な人物との関係と似通った状態が再現される。例えば、分析が進んでいくうちにクライエントが「先生は優しく聞いてくれているけど、本当は私のことより私の前に来たクライエントのことを大事に思ってさっきのセッションのことを考えているのではありませんか」と涙を流し始める。実はこのクライエントは昔から母親が自分のことよりも姉のことをいつも大事にして自分のことは放っておかれたように感じてつらかったという体験がある。そのように母親との関係がセラピストとの関係のなかにも再現される。こうした状況を転移と呼び、これをセラピストが治療的にアプローチし分析することも重要な治療的要素とする。

　フロイトが行った精神分析から始まって、その後様々な継承者によって自我心理学、対象関係論など、理論やアプローチの方法が精査され、子どもの精神分析の適応や、より治療関係を重視するものとして発展し現在に至っている。

　また、ユングは、かつてはフロイトとともに研究をしていたが、のちにフロイトとは決別し、分析心理学を確立した。ユングは統合失調症の妄想を研究する過程で、それらが世界中の神話や昔話などと、共通のパターンや主題を持つことに気づき、それらのイメージが強いインパクトを持ったものとなって、人々を魅せることを発見した。これをユングは元型（archetype）と呼び、無意識に存在している核になるものとし、それらからなる心の普遍的な構造に意義を認め、様々な研究を行い治療に役立てた。元型は神話や昔話、映画や、アニメ、夢のなかに様々な形となって表現され認められるという。

　言葉や関係性を重視した精神分析に対し、分析心理学では夢や空想のなかにイメージとして出現するものを扱うことを重要視した。夢分析以外にも、絵を書いたり、何かを作ったりしてそこに表現されるものを扱う。粘土や絵

の具、折り紙や散歩で拾ってきた石や葉っぱなど様々な素材を使って、絵を書いたり、工作したりすることもある。このような方法は言葉で自分の気持ちを表現することに抵抗がある人や障害がある人にも取り組みやすいため、精神分析より適応対象範囲が広い。セラピストが見守るなかで、クライエントが自分の内的世界の様々なイメージを自由に作品として制作すること自体がカタルシス（自浄効果）となって、治療的効果を持ち、劇的変化をもたらすといった報告は数々ある。なかでも箱庭療法は日本の臨床にとっては欠かせないアイテムとして多くの相談施設に設置されている。箱庭療法はユングの理論を取り入れた Kalff, G.〔カルフ〕よって開発され、日本では1965年スイスのユング研究所から帰国した河合隼雄によって導入された。学校の相談室などで設置されているのを見かけた人もいるであろう。内部が青色となっている砂箱に、クライエントが自由に選んだ小さな人形や建物、木、貝殻等々好きなアイテムを自由に選び配置していくというものだ。

2）行動療法・認知療法

第5章で学んだ行動理論や学習理論を臨床的に活用したものを**行動療法**と呼ぶ。行動療法は、学習理論に基づく科学的で実証的な心理療法として、観察しうる行動に対し、直接アプローチするものである（図13-1）。これらの技法は多くの研究者たちが各々の技法のメカニズムについて仮説検証を繰り返しており、教育や療育の実践や不安障害の治療にも貢献している。またアメリカの精神科医 Beck, A. T.〔ベック〕が精神分析と認知心理学を学び、実証的研究をするうえで認知療法を構築していった。人の出来事に対する「認知」のしかたを捉え、その「認知」にアプローチすることで、人間の行動や

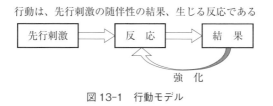

行動は、先行刺激の随伴性の結果、生じる反応である

図13-1　行動モデル

◎人の感情や行動は、その人の出来事に対する理解の仕方によって影響を受ける
（ベック）

図 13-2　認知モデル

感情に変化が起きるとした。図 13-2 に示した認知モデルに基づいてクライ
エントをアセスメントし介入を行う。何回かのセッションや数回の思考記録
表の記入などを経て、最終的にはクライエント自身がそれらを把握しコント
ロールできるようになることを目標とする。

　やがて行動療法と認知療法は合流して展開し、認知行動療法としてその治
療的効果が認められ、日本では 2016 年より保険診療で行われるようにもな
り注目を集めた。これらは直接クライエントの行動や認知を修正することで、
症状や問題行動等を改善する解決指向タイプともいえる。そして 1990 年代
よりさらにこれらから派生したマインドフルネス認知療法、アクセプタンス
& コミットメントセラピーなどといった方法も第 3 世代の認知行動療法と
して、臨床の場で活用されるようになっている。

3）ヒューマニスティックアプローチ（人間性アプローチ）

　ヒューマニスティックアプローチ（人間性アプローチ）とは人間性心理学や
実存哲学などに基づき、クライエントの個性や独自性を尊重し、クライエン
トの持つ基本的潜在力や資源を引き出すことを重視するものである。このタ
イプのアプローチは数々あるが、なかでも、ロジャーズによるクライエント
中心療法は様々な心理療法に影響を与え、今日において心理療法を行ううえ
でも、人間関係や人間性の成長発展にとって欠かせない礎となっている。ロ
ジャーズはすべてのクライエントには自分の問題をより適切に解決してゆく
潜在力（自己治癒力、自己成長力）があり、面接を進めていくうえで最上の案内
人であるとしている。1957 年に公表された「治療によるパーソナリティ変

化を起こす必要にして十分な条件」として挙げられる 6 つの条件は大変重要なものとして臨床家に引き継がれている。以下に記す。

1. クライエントとセラピスト 2 人の人間が心理的な接触をもっていること
2. クライエントは自己不一致の状態にあり、傷つきやすいか、不安の状態にあること
3. セラピストはこの関係のなかでは自己一致しており、統合されていること
4. セラピストはクライエントに対して無条件の肯定的な関心を体験していること
5. セラピストは、クライエントの内的準拠枠に対する共感的理解を体験しており、この体験をクライエントに伝達するように努めていること
6. セラピストの共感的理解と無条件の積極的関心がクライエントに伝わっていること

ごく簡単にこれらをまとめると、治療関係において、純粋かつ正確にクライエントとの経験を意識し、クライエントが自ら本来の力で自分の人生を切り拓いていく 1 人の人として認め受け入れ、クライエントの内なる世界に可能な限り近づき正確に感じ取り、クライエントに伝えるように努力していこうといったセラピストの姿勢を明確にしたものである。これらをしっかりと身につけるまではセラピストは自分自身も自立し成長し続ける努力が必要であるし、こうした姿勢が身につくまでにはそれ相応の経験と訓練が必要とさ

れる。

　ロジャーズは精神分析理論やその功績に高い評価をしつつも、セラピストを権力的位置に置くこと、行動主義的心理学が人間を対象（もの）化するものなどとして強い批判をした。

　ヒューマニスティックアプローチには、これ以外にも、Perls, F. S.〔パールズ〕によるゲシュタルトセラピー、ユダヤ人医師でアウシュビッツ収容所に収容された経験を持つ Frankl, E. V.〔フランクル〕によるロゴセラピーや現象学の影響を受けた Binswanger, L.〔ビンスワンガー〕によって確立された現存在分析等々がある。

　ゲシュタルトセラピーは、精神分析家であったパールズが 1951 年に妻ローラとともに探求し確立した。治療目的は、人間の有機体としての最適なバランスを取り戻すことである。それはクライエントが自分自身の欲求に「気づき」、それを満たすために適した行動が何であるかに気づき、そのための行動を起こさせるようになることである（岩壁ら, 2013）。この気づきを促進するために様々なワークがあり、代表的なものに、エンプティ・チェアというものがある。誰も座っていない椅子をクライエントの前に置き、クライエントにとって強い感情的な価値を有している（強い葛藤を起こさせる等）実在の人物が、まるでそこにいるかのように想像してもらい、その人に対して語りかけてもらうという方法である。語りかけた後、今度は話しかけていた方の椅子に座って、その相手の気持ちになって話をする。それに対してまた自分のいいたいことを話すことを促す。そういった経験を通じて、相手にいえなかったことをいってみて、自分の感情的欲求に気づくこと、またその時の相手の気持ちに気づくことができる。例えば、自分の母親に弟よりもしっかりするよういわれ続けてつらかった体験を、ずっと心に持っている人がいたと仮定する。そうした人に母親が前の椅子に座っているかのように語りかけてもらう。いろんな場面を思い出して母親が座っていると仮定した椅子に文句をいう。そしてまた今度はクライエントがその椅子に座って母親になり切って自分に語りかける。そしてまた自分に戻って反論をするということを繰り返していくなかで自分のずっと持ち続けてきた母親に対する思いを吐き出し、

母親の気持ちを母親の立場になって考えるという体験を通じて心の変容を促すというわけだ。パールズがゲシュタルトセラピーを伝える時に示した詩を以下に紹介する。ここには何かの犠牲になるためでも期待に応えるためでもなく、自分も他者も大切にし、そのうえで出会える関係性の重要性、すなわちゲシュタルトセラピーの精神が端的に表現されている。

　　私は私の人生を生き、あなたはあなたの人生を生きる
　　私はあなたの期待にこたえるために生きているわけではないし、
　　あなたも私の期待にこたえるために生きているわけではない
　　あなたはあなた、私は私
　　もしも、お互い出会うことができたら、それはすばらしいこと
　　もしも出会えなくても、それはしかたないこと

4）その他の心理療法

　クライエントの対象によって、遊戯療法、家族療法、カップルセラピー、集団療法などというものがある。

　遊戯療法は子どもを対象とした遊びを媒介する心理療法の一種である。通常、たくさんの玩具や砂場などが設置されたプレイルームで行われる。セラピストが見守るなかで子どもは次第に自由に安心して遊ぶようになる。セラピストが温かい雰囲気を作り、遊びのなかで表現される子どもの気持ちを心理学的に理解しながら、子どもに寄り添うことによって、子ども

図13-3　プレイルーム
（大阪人間科学大学心理教育相談センター提供）

の問題行動の改善や健康な心の成長の促進を促す。小児科のある病院、教育
支援センターや大学付属の相談センターなどで行われている場合が多い。

　家族療法は、家族を1つの力動的集団組織と考え、その成員に何か課題が
生じて問題とされる行動が起こった時は、その本人の問題としてではなく、
その家族のなかにある病理性の表れと捉える考え方が主流である。問題を抱
えている人のみならず、家族という集団をアセスメントして、できる限り家
族が治療に参加できるよう促し、家族全員に治療的介入を行う方法である。

　カップルセラピーは2人の関係に危機がやってきた時に、交際中のカップ
ルや夫婦に対してより成長した関係性になるよう、あるいは別離の危機から
脱出するよう支援する方法である。家族療法やカップルセラピーはともにア
メリカを中心に発展し、多くの人々に活用されるようになった。

　集団療法とは、セラピストを含む集団のなかで治療を行うものである。個
人の心理療法とは違ってメンバー間の相互作用があるために、クライエント
のサポートが多次元化され、メンバー同士の刺激や学習の機会が多様に提供
される。集団の活動や発展に伴って、メンバー1人ひとりが成長し治療され
ていくことが期待されるものである。

7　真に「癒される」ということ

　主要な心理療法をごく簡単に紹介した。さて、改めて心が真に癒されると

はどういった状態のことであろうか。悩みがすっかりなくなって平和な時間が訪れるそんな瞬間のことであるかもしれない。「幸せ」といった気持ちになれる瞬間かもしれないし、「ホッとした」といった心からの安堵の瞬間かもしれない。人それぞれが違うように心理療法に求めるものも多種多様である。今後ますます価値観の多様な時代となるにつれ、各々の苦悩もまた多様化するであろう。これらに対して心理療法がしっかり応えていけるよう、なお一層の実践研究が必要である。効率的な心理療法がセットされた AI を持つ小型ロボットと生身の人間のセラピストとで治療効果を比べる時代が、すぐ近くにやってきている。

■引用・参考文献

東千冬（2009）. スクールカウンセリングにおいて「絶対誰にも言わないで」と訴える二事例. 子どもの心と学校臨床, 1, 遠見書房.

東斉彰（2011）. 統合的観点から見た認知療法の実践. 岩崎学術出版社.

Freud, S.（1953）. *Neue Folge der Vorlesungen der Einführung in die Psychoanalyse*. 古沢平作（訳）（1976）. 続精神分析入門　フロイド選集　第 3 巻, 118. 日本教文社.

岩壁茂・福島哲夫・伊藤絵美（2013）. 臨床心理学入門—多様なアプローチを越境する—. 有斐閣.

Karasu, T. B.（1986）. The Specificity Versus Nonspecificity Dilemma: Toward Identifying Therapeutic Change Agents. *American Journal of Psychiatry*, 143, 687-695.

河合隼雄（1967）. ユング心理学入門. 培風館. 93.

小此木啓吾・成瀬悟策・福島章（編）（1990）. 臨床心理学体系 7　心理療法 1. 金子書房.

Rogers, C. R.（1959）. The Necessary and Sufficient Conditions of Therapeutic Personality Change. *Journal of Consulting Psychology*, 21, 96. 伊東博（編訳）（1966）. サイコセラピィの過程　ロージァズ全集 4. 岩崎学術出版社.

末武康弘（2018）. 心理学的支援法. 誠信書房.

杉原保史・福島哲夫・東斉彰（編）（2019）. 心理学的支援法. 北大路書房.

Wolberg, L. R.（1954）. *The Technique of Psychotherapy*. Oxford, England: Grune & Stratton.

用 語 解 説

【第1章】

マインドコントロール：人の思考や感情に影響を及ぼすことにより、思い通りに行動を支配すること。コントロールされる側とする側がいて、両者の間に対等とはいえない関係が存在することが重要な特徴である。

二律背反（アンチノミー）：相互に矛盾し対立する2つの命題が、同じ権利を持って主張されること。Kant, I.〔カント〕は理性だけで世界全体の根本問題を解決しようとすると二律背反に陥ることを指摘した。

社会的微笑：生後2、3カ月以降の乳児が、自分が読み取った刺激の内容（例えば母親の顔）を認識して微笑むこと。生後2カ月頃までの生理的微笑のような反射ではない。

心の理論：人や類人猿などが、他者の心の状態、目的、意図、知識、信念、思考、疑念などを推測する心の機能のこと。

唯物論：精神に対する物質の根源性を主張する立場のこと。意識は高度に組織された物質（脳髄）の所産と考え、認識は客観的実在の脳髄による反映であるとする。

構造化面接・半構造化面接・非構造化面接：構造化面接はあらかじめ定められた質問内容や手順で質問が行われる。半構造化面接は、ある程度構造化された質問を用いるが、回答の意味を明確化したり、さらに枝分かれした質問をしたり、質問の順序をある程度入れ替えたりすることである。非構造化面接は、自由面接ともいい、面接者の洞察に基づいて質問が行われるので、面接者の熟練が必要である。

ラポール：関係という意味のフランス語。被面接者と面接者の二者間の親的的、共感的関係。

インフォームドコンセント：十分な説明を受けたうえでの同意のこと。もし嫌になれば、実験や調査の途中でも参加を中止することができる。

デブリーフィング：事後の報告という意味。ディセプション（deception）という一種のだましの研究法を用いる場合、なぜこの方法を用いる必要があったかについて被験者や参加者に十分説明する義務がある。

【第2章】

Stern, D. N.〔スターン〕：精神科医で精神分析家。母子の交流場面を詳細に分析する実証研究から、精神分析の臨床で描かれた「臨床乳児」と発達心理学者による観察による「観察乳児」とを統合し、「自己感」を軸に乳児の主観的体験世界を捉えた。

Piaget, J.〔ピアジェ〕の認知機能の発達論：人は環境との相互作用によって行動や思考の様式であるシェマを獲得して発達すると考えた。対象の認知をもっぱら感覚と運動を通じて行う感覚運動期（0〜2歳）、ある事物を他の事物に置き換えて認識するごっこ遊びができるようになるが、自分の見えているものは他者にも見えていると認識する自己中心性があり、視覚に左右されて、心のなかで「もとに戻せば同じになる」といった操作ができない前操作期（2〜7歳）、自己中心性から脱して、具体的な事物を用いて、心のなかでの操作や論理的思考が可能になる具体的操作期（7〜12歳）、抽象的な思考や推論ができる形式的操作期（12〜14歳）段階が挙げられる。

陰性症状：統合失調症の症状で、感情の平板化、思考の貧困、意欲の欠如などを指す。類似する症状は他の障害でも見られるため、幻覚・妄想や会話の脱線・減裂など陽性症状がない場合は、慎重な鑑別診断がいる。心理検査もその一助となる。

補償機能：「意識」の持つ「偏り」を補い、新たな均衡を取り戻そうとする、心の自己統御機能。主にコンプレックスが仲介となって、症状、問題行動、夢、空想、外的出来事を通じて補償が働き始めることが多い。

トラウマ体験：心的外傷体験。災害、事故、暴力、虐待、喪失などで生命や存在に強い衝撃を受ける体験となったもの。急性ストレス障害や心的外傷後ストレス障害（PTSD）を発症することがある。虐待では慢性のトラウマ体験が問題になる。

【第3章】

人工知能：言語の理解や推論、問題解決などの知的行動を人間に代わってコンピュータに行わせる技術のこと。

バーチャル・リアリティ：感覚入力を人工的に創り出し、あるいは操作して、あたかも現実であるかのように感じさせること（北岡, 2011）。

ウェーバーの法則：刺激の量的差異に関する弁別閾（⊿I）は、刺激量（I）に比例して増大する。⊿I／Iの値（ウェーバー比）はほぼ一定になるという経験的法則。

フェヒナーの法則：感覚の大きさ（E）は、刺激強度（I）の対数に比例して増大するという関係。$E = K \log I + C.a^y = X$（$a>0, a \neq 1$）とすると、対数 y は a を底とする X の対数のことを指している。$y = \log_a X$

【第4章】

炎上：インターネットのSNSや掲示板において、不祥事の発覚、失言、詭弁等と見受けられた内容に対して、非難や批判の書き込みが殺到して、収拾がつかなくなっている事態や状況のこと。

動機づけ：人間や動物の行動を触発し、指向性を与える力動的（ダイナミック）な過程のこと。

表示規則：我々は感じたままを表出するわけではなく、様々な感情表出の管理に従って表出する規則のことで、6歳頃に獲得される。贈り物をもらったらにっこりと微笑むなどである。他者の感情を思いやる向社会的表示規則、自我水準を守る自己保護的表示規則、自己の不利益を避け、利益をもたらそうとする自己中心的表示規則がある。

基本感情：Izard, C.〔イザード〕は、興味・興奮、喜び、驚き、苦悩・不安、怒り、嫌悪、軽蔑、怖れ（恐怖）、恥、罪悪感の10種類、Ekman, P.〔エクマン〕は、幸福感、悲しみ、怖れ、嫌悪、怒り、驚き、軽蔑の7種類を基本感情とみなしている。

【第5章】

刻印づけ：刷り込み。Lorenz, K.〔ローレンツ〕が報告したカモ等の孵化した直後のヒナが最初に動いたものに追従反応を示すこと。生後16時間でもっとも追従反応が起こりやすく、生後32時間までに機会がなければ生じない。

臨界期：発達初期の限られた時期に適切な刺激が与えられるとその後の発達が促進されること。この時期に刺激が与えられない、または過剰だと正常発達が阻害される。

自動思考：べき思考、白黒思考、過度の一般化、迷信的思考、誇張と矮小化、恣意的な推論、選択的な抽象化、個人化などの認

知の歪みとなる特有の情報処理の仕方や思考パターン。

マインドフルネスストレス低減法：Kabat-Zinn, J.〔カバットジン〕が体系化した臨床技法で、今、この瞬間の体験に意図的に意識を向け、評価をせずに捉われない状態で見ることを瞑想、その他の訓練で実現する。

アクセプタンス & コミットメントセラピー：Hayes, S. C.〔ヘイズ〕（1982）によって開発された機能的文脈主義から生まれた関係フレーム理論に基づく認知行動療法および臨床行動分析といわれる心理療法の1つである。

【第6章】

Allport, G. W.〔オルポート〕：アメリカの心理学者。『パーソナリティ―心理学的解釈―』（1937）によって著名になる。性格特性という言葉を初めて使った「特性論」の研究者。Webster, N.〔ウェブスター〕の辞書から、人間の態度や行動の特徴に関する言葉を1万7953語収集、整理し、4つに分類した。一貫して、健康な人間のパーソナリティの統合性や独自性にどう迫れるかを探究した。

法則定立的研究：人間の心や行動に関する一般的・普遍的な法則を見つけ出すことを目的とした研究法。

個別記述的研究：時間の経過とともに変化する特定の個人をありのままに記述していくことを目的とした研究法。

相互作用説：個人の発達を形成する要因として遺伝と環境の影響がある。遺伝と環境の二者択一を考える孤立要因説と、遺伝と環境の総和と考える輻輳説が挙げられる。相互作用説は、遺伝と環境が相互浸透的に作用することで規定されるとする説。

相乗的相互作用説：Sameroff, A. J.〔サメロフ〕により提唱された考え。子どもの気質（遺伝的要因）と養育者の諸要因（養育態度、性格傾向など）の相互作用が、その後の子どもの性格（気質）の形成や母親の養育態度に影響を与え、さらにそれらの相互作用によって発達が規定されると考える説。

【第7章】

ステップファミリー：死別、離別、あるいは未婚で子どもがいる親が、子どもを連れて再婚し、成立した家族。離婚したパートナーのもとにいる子どもと面会交流がある場合も含む。

エディプスコンプレックス：男子が無意識のうちに母親に愛着を持ち、自分と同性である父親に敵意を抱く心理。父親とは知らずに殺害し、母親と結婚したギリシア神話のオイディプスにちなんでFreud, S.〔フロイト〕が提唱した用語。

ひきこもり：6カ月以上にわたって通学や就労などをせず、家庭内にとどまり続けており、家庭外の対人交流がない状態を指すが、精神的な病気による在宅生活を含まない。病名ではなく、状態像を意味する用語である。

ニート（NEET）：Not in Education, Employment or Training. 1999年、イギリスの内閣府の調査報告書が初出。学校等の教育機関に所属せず、職に就いておらず、就労活動をしていない15〜34歳の若者を指す。日本では2004年、「労働白書」に取り上げられた「若年無業者」がこれに近いと考えられ、2005年より厚生労働省が支援対策を行っている。

阿闍世コンプレックス：1931年、古沢平作が日本社会独特の母子関係に着目し、観

無量寿経疏によるものとされている。エディプスコンプレックスが母を愛するあまり、父を亡き者にしたいという願いも持つのに対し、阿闍世コンプレックスでは、未生怨（生まれる前からの怨み）を抱き、母を亡き者にしたいと恨むが、最後には相互に許し合いに至る。

エレクトラコンプレックス：女子が無意識のうちに父親に愛着を持ち、母親に反感を示す心理。ミケナイの王アガメムノンはその妻クリタイムネストラに殺害される。娘エレクトラは弟オレステスと協力して母を殺すというギリシア神話にちなんで Jung, C. G.〔ユング〕が提唱した用語。

【第8章】

平塚らいてう：1886年生まれ、日本の思想家、フェミニスト。女性解放運動家であり反戦平和運動にも参加。

ガラスの天井：グラスシーリング。職場において目には見えない昇進を阻むもの。能力がある女性が組織内で要職に就けないことを主に指す。

性同一性障害：トランスジェンダー（心と身体の性が一致しない人々）のなかでも治療的対象として取り扱う医学用語である。身体的な性別が自分の考えているものや感じているものと合わないことに苦痛を感じる。

感情焦点化療法：Greenberg, L. S.〔グリーンバーグ〕によって創始された心理療法。ゲシュタルト療法、フォーカシングの手法や愛着理論、神経心理学や基礎心理学の最新知見の要素を含んでいる。

統合的心理療法：理論背景の異なる心理療法を統合してアプローチを行う方法。大きく分けて技法折衷、共通因子、理論統合、同化型統合などの形態がある。

【第9章】

同調圧力：ある集団において独自の意見や価値観を持つ人に対して、多数の人たちに合わせるように求めることやその雰囲気。明確に要求する場合もあるが、少数の人たちが集団のなかでいづらさを感じるような方法がとられることも見られる。

アイデンティティ：同一性、自己同一性とも訳される。社会や対人関係のなかで様々な役割を果たしても揺るぎなく、統合された独自の存在だとする確かな認識を指す。

ソーシャルスキル：社会のなかで他者と共生し、滞りなく生活を送るために必要な技能。世界保健機関（WHO）は、「日常生活の中で出会う様々な問題や課題に、自分で、創造的でしかも効果のある対処ができる能力」と定義している。

心理教育：病気や障害を持つ人やその家族が、治療や援助の専門家から病気や障害に関する正確な知識や情報を学び、セルフケアや日常生活のサポートを実践して再発や症状の悪化を予防するための方法。

神経症水準：現実検討の障害を生じない水準の精神機能の障害を意味する。世界保健機関による国際疾病分類の第9版（ICD-9）までは器質性以外の精神疾患を精神病と神経症に大別していたが、第10版（ICD-10）以降は神経症が細分化されている。

【第10章】

象徴：イメージはどれも象徴性を持つが、分析心理学でいう象徴とは、AはBを示す記号的な意味ではなく、多義性両義性を帯びたイメージを指す。意識がまだ把握できない無意識内容が、もっとも適切に集約されイメージ化されたものである。

変性意識状態：日常の意識状態に対して、著しく意識が変容する体験。時間（歪曲、

停止）・空間（方向のズレ、浮遊感）・言語・自己・身体・自他境界などの感覚の変化や喪失。恍惚、被動感、没頭、洞察、一体感などが伴うことが多いとされる。

目的論：原因に還元するのでなく、「何のために」そのような症状、夢、外的出来事が今出てきているのか、それらが適切に進展した先に心全体が何を実現しようとしているのか、意識に何をもたらそうとしているのかを視野に入れる考え方。

投影：意識にとって無自覚で受け入れにくい傾向が自分以外の人やものの傾向として映し出され認知されること。投影が過剰になると不適応が起きる。セラピーでは夢などを通じて投影に気づき、その投影のもととなる無意識と向き合うことになる場合もある。

【第11章】

テクノストレス：コンピュータ作業をする人に共通して見られる精神的な症状のこと。テクノ不安やテクノ依存が含まれる。

視床下部：間脳に位置し、内分泌や自律機能の調節を行う中枢。人間の場合、脳重量の0.3％、4g程度の小さな組織であるが、自律神経系や内分泌系を統合的に調節し、生体の恒常性維持に重要な役割を果たしている。

社会再適応評価尺度（SRRS）：その重大性の程度によって、重みづけ得点（LCU得点：Life Change Units）が与えられている。この得点を合計して、ストレッサーの総得点を算出する。

機能性ディスペプシア：症状の原因となる器質的疾患がないのにかかわらず、食後のもたれ感や早期満腹感、心窩部痛、心窩部灼熱感のうち1つ以上の症状があり、これらが6カ月以上前に初発し、3カ月以上続

いていること。

【第12章】

希死念慮：漠然と死を願う気持ち。その強さには「ずっと眠りたい」から「消えたい」まで幅がある。さらに具体的な自殺を念頭に置く自殺念慮、また、自殺企図は具体的に自殺を試みること。自殺までにはいくつかの段階があり、そのどこかでサインを発見し命を守りたいものである。

PTSD：Post-Traumatic Stress Disorderの略。心的外傷後ストレス障害のことで、心的外傷的出来事を直接的・間接的に体験することによって生じる症状と苦痛が1カ月以上持続する状態をいう。1カ月以下の初期の場合を急性ストレス障害と定めている。

愛着障害：DSM-5で反応性愛着障害と呼ばれる。愛着とは、特定の人に対する特別な結びつきを形成することだが、その形成に問題がある。誰にも愛着しない警戒心の強い抑制性愛着障害と、誰に対しても見境なく愛着行動が見られる脱抑制性愛着障害がある。

人格障害：その人の属する文化や社会から期待されるものより著しく偏った内的体験および行動の持続的様式を持ち、認知の歪み、情動反応の不安定、対人関係や衝動の抑制の障害として表れる。

ルネサンス：再生・復活を意味するフランス語。13世紀末から15世紀末にかけてイタリアに起こり、次いでヨーロッパに波及した芸術上および思想上の革新運動。神中心の中世文化から人間中心の近代文化への転換の端緒をなした。

アスペルガー症候群：1944年にオーストリアのAsperger, H.〔アスペルガー〕が発表した、自閉症と同じ特徴を持つが、知性

と言葉には発達の遅れがない状態。

【第13章】

動物磁気療法：オーストリア・ウイーンの医師 Mesmer, F. A.〔メスメル〕が創始した治療法。手をかざすなどの方法で、ヒステリー患者を治療した。この時メスメル自身のなかに蓄積していた流体（動物磁気）が患者に磁気琉を起こして治ったと考えた。ドイツやイギリスにも伝えられて、広まった。

個人心理学：アドラー心理学とも呼び、Adler, A.〔アドラー〕が創始した。人間を分割できない全体の立場から捉え、全体としての個人が心身を使って目的に向かって行動していると捉える。「勇気づけ」を重視する。

自我心理学：フロイトの娘の Freud, A.〔アンナ・フロイト〕が創始した精神分析の一学派。自我の適応機能を強調。フロイト正統派とも呼ばれ、人間の健康な側面に目を向けているともいわれている。

対象関係論：Klein, M.〔クライン〕の理論から Winnicott, D. W.〔ウィニコット〕、Mahler, M. S.〔マーラー〕、Bion, W. R.〔ビオン〕などによって発展した精神分析の理論である。他者との外的関係だけではなく心のなかの対象イメージ、心的な対象との関係を理解するための理論とアプローチである。

索　引

ヤ　行

ラ　行

ワ　行

編著者紹介

井上　靖子（いのうえ　やすこ）

最 終 学 歴：大阪府立大学大学院人間社会システム科学研究科
現　　　職：兵庫県立大学大学院教授　博士（人間科学）
社 会 活 動：姫路こども家庭センター家庭復帰評価委員会第三者委員など
最近の研究：「他界心理学」構想による臨床実践への新たな枠組みの導入
主 要 論 文：

夢と描画表現にみる「母性」の傷つきと癒し. ユング心理学研究 第 5 巻
　　心の古層と身体. 2013 年
南インドの床絵コーラムについての分析心理学的考察. ユング心理学研究
　　第 10 巻　占星術とユング心理学. 2018 年
児童養護施設における学生ボランティア活動の実態把握と質的向上を
　　めざした臨床研究. 挑戦的萌芽研究　研究成果報告書. 2019 年

経験と理論をつなぐ心理学

2020 年 4 月 6 日　第 1 版 1 刷発行
2022 年 4 月 8 日　第 1 版 2 刷発行

編著者―井　上　靖　子
発行者―森　口　恵美子
印刷所―壮光舎印刷㈱
製本所―グリーン㈱
発行所―八千代出版株式会社
　　〒101
　　-0061　　東京都千代田区神田三崎町 2-2-13
　　TEL　　03-3262-0420
　　FAX　　03-3237-0723
　　振替　　00190-4-168060

＊定価はカバーに表示してあります。
＊落丁・乱丁本はお取替えいたします。

ISBN978-4-8429-1769-6
©2020 Yasuko Inoue et al.